Cornelia Teufl

GRÜNER TEE
Die gesunde Alternative

FALKEN
TaschenBuch

Ebenfalls im FALKEN Verlag erschienen:
Kleines Handbuch für Teegenießer (Nr. 60370)
Bitte fragen Sie in Ihrer Buchhandlung.

Der Text dieses Buches entspricht den Regeln
der neuen deutschen Rechtschreibung.

Dieses Buch wurde auf chlorfrei gebleichtem
und säurefreiem Papier gedruckt.

Originalausgabe
ISBN 3 635 60150 0

Umschlaggestaltung: Zembsch' Werkstatt, München
Gestaltung: Bettina Christ/Beate Müller-Behrens
Redaktion: Andrea Kuron, Hamburg/Sabine Weeke
Herstellung: Bettina Christ/Torsten Hellbusch
Titelbild: Beat Ernst, Basel
Abbildungen: **Archiv für Kunst und Geschichte**, Berlin: S. 9, 11, 12, 16, 39 Werner Forman; **Archiv für Kunst und Geschichte**, London: S. 13 Werner Forman; **Der Teeladen**, Meckenheim: S. 10, 19, 21, 22 beide, 23, 24, 44, 45, 46, 61, 62, 67; **Beat Ernst**, Basel: S. 17, 64; **Bodum**, Gütersloh: S. 40, 51 Pi Design, S. 58 L+L Kommunikation; **Brita**, Taunusstein: S. 54; **FALKEN Archiv**: S. 52 Ulrich Kopp, S. 78 TLC; **IFA-Bilderteam**, München: S. 15 Gottschalk, S. 33 Weststock; **OKAPIA**, Frankfurt: S. 14 F. Pacha/Slide, S. 26, 28 Hans Reinhard; **Silvestris Fotoservice**, Kastl: S. 32, 73 Laszlo Nagy, S. 49 alle Fotos von Heiner Heine; **Werner Teufl**, Berlin: S. 36, 71
Zeichnung: FALKEN Archiv/ Daniela Schneider
Satz: Alinea GmbH, München
Druck: Freiburger Graphische Betriebe GmbH, Freiburg

817 2635 4453 62

Inhalt

Vorwort 8

Grüner Tee – der älteste Tee der Welt 9
- Verwandlungskünstler grüner Tee 10
- Exklusiv China 11
- Japan 11
- Grüner Tee in Europa: Späte Erinnerung an einen altbekannten Geschmack 13
- Wie der grüne Tee verschwand 14

Die Pflanze 15
- Strauch oder Baum? 15
- Die Sortenvielfalt 15
- Das Klima 18
- Die Ernte des Teestrauches 19
- Das gemächliche Wachstum – Geheimnis der Qualität 19

Wie aus den grünen Blättern Tee wird 20
- Der Unterschied zwischen grünem und schwarzem Tee 21
- Die Verarbeitung von grünem Tee 21
- Grüner Tee in Zahlen 24

Die Anbauländer 25

China 25
- Der Tee des Kaisers und des Volkes 25
- Paradies der Teesorten 25
- Charakteristik 27
- Die Teeprovinzen 28
- Tee mit Qualitätsgarantie 29
- Der Handel 30
- China in Zahlen 30

Japan 31
- Charakteristik 31

Die Anbaugebiete 32
Die Ernte 33
Japan in Zahlen 34
Formosa 35
Klassische Sorten 35
Die Anbaugebiete 36
Die Ernte 36
Formosa in Zahlen 36

Der Teeeinkauf 37
Die Geschmacksrichtungen 37
Die Menge 37
Qualitätsmerkmale 38
Tipps für Einsteiger 38
Tipps für Fortgeschrittene 39

Klassische Sorten und Spezialitäten 40
Grüntees aus China und Formosa 40
Klassische japanische Grüntees 45
Von Oolongs, weißen Tees und anderen Besonderheiten 50

Die Zubereitung – wann Teeblätter alles geben 53
Die Dosierung 53
Das Wasser 54
Die Wassertemperatur 55
Die Zeit 55
Mehrmaliges Aufbrühen 56

Teekanne, Teeei & Co. 57
Was Teeblätter brauchen 57
Blitzkocher 57
Zwei Teekannen – die optimale Lösung 57
Teekannen mit großen Siebeinsätzen 57
Papierfilter 58
Baumwollnetz 58
Teeei 59
Verschließbare Edelstahlsiebe 59

Tea-Timer ... 59
Stövchen ... 59

Haltbarkeit und Aufbewahrung der grünen Blätter ... 60
Das Verfallsdatum ... 60
Von Aromakillern und Geschmacksräubern ... 60
Die richtige Dose ... 60
Die aromadichte Kombilösung ... 61
Tee in der Tüte aufbewahren ... 61

Inhaltsstoffe ... 62
Das Koffein ... 62
Die ätherischen Öle – die Bausteine des Aromas ... 63
Gerbstoffe (Polyphenole) ... 63
Aminosäuren ... 64
Vitamine, Mineralstoffe, Spurenelemente ... 64

Grüner Tee – sanfter Heiler ... 69
Grüner Tee und die Wissenschaft ... 69
Die Heilwirkungen des grünen Tees ... 70
Nebenwirkungen, Gegenanzeigen ... 76

Grüner Tee in Kurzform ... 77

Vorwort

Grüner Tee ist der älteste Tee der Welt. Doch die westliche Welt entdeckt erst jetzt seine Vorzüge. Von 1990 bis 1997 hat sich der Konsum des frischen Aufgusses in Deutschland verzehnfacht. Mit seinen wertvollen Inhaltsstoffen passt er hervorragend zum gestiegenen Bewusstsein für gesunde Ernährung. Daneben eröffnet der grüne Klassiker für Genießer ein spannendes und fast unergründliches Entdeckungsfeld. Grüner Tee – das ist Aroma und Abwechslung ohne Ende, denn kaum ein anderes Getränk bietet eine solche Sortenvielfalt.

In China hat der grüne Aufguss eine fast 5000 Jahre alte Tradition. In dieser langen Zeit hat man sich hier mit den grünen Blättern vieles einfallen lassen, mit den Teeherstellungsarten experimentiert. Hunderte von Sorten und einzigartigen Teespezialitäten kamen dabei heraus. Die Aromavielfalt des chinesischen Grüntees reicht von blumig-edel bis herb-verwegen. Es gibt bis heute niemand, der einen vollständigen Überblick über diese unermessliche Sortenfülle hat. Auch Japan steuert noch gut ein Dutzend Grünteeklassiker bei und Formosa bereichert das Angebot mit vielen erlesenen Grüntees und Raritäten. Mit der Vielseitigkeit des grünen Tees kann ansonsten nur noch Wein mithalten.

Dass grüner Tee bitter schmeckt, ist ein Vorurteil, das noch aus Zeiten stammt, als in Deutschland nur ein oder zwei Grünteesorten in den Regalen der Teeläden verstaubten. Jetzt warten neue, frische Grünteeabenteuer auf die Teeliebhaber. Nebenbei spendet der grüne Aufguss auch noch Wärme und Behaglichkeit und entfaltet mit jedem Schluck eine sanfte Heilwirkung. Da er Bakterien, Viren und einige andere Krankheitserreger bekämpft, kann man mit ihm auch viele Beschwerden genussvoll kurieren.

Grüner Tee – der älteste Tee der Welt

Am Anfang war der grüne Tee. Der schwarze entstand aus dem grünen. Er war das Ergebnis von vielen chinesischen Experimenten mit der Teeverarbeitung. Nach einer Legende soll der chinesische Kaiser Chen Nung den grünen Aufguss bereits 2737 Jahre vor Christus entdeckt haben, als ein Blatt von einem wildwachsenden Teestrauch in eine Schale mit heißem Wasser fiel.

Zuerst war grüner Tee ausschließlich Heilmittel. Die Chinesen kurierten damit Kopfschmerzen, Müdigkeit, Rheuma, Konzentrations- und leichte Sehschwächen. Es dauerte ein paar Jahrhunderte, bis man zum gemütlichen Teil des Tees überging und ihn als Genussmittel entdeckte. Die ersten bescheidenen Vorformen der Teestunde gab es zu Zeiten des großen Gelehrten Laotse, also 400 Jahre vor Christi Geburt. Damals war es in einigen Gegenden üblich, Gästen Tee anzubieten. Bis ganz China diese Sitte übernahm, vergingen noch einmal rund 1000 Jahre. In der Tang-Dynastie (618–906) blühten die Künste, die Sitten

Tee wurde im alten China oft unter freiem Himmel hergestellt

verfeinerten sich und das Teetrinken wurde Teil der Alltagskultur. In dieser Periode erscheint auch das erste Buch über Tee. In seinem „Ch'a-King", „Der Heiligen Schrift vom Tee", trug der Schriftsteller Luh Yü (728–804) alles über Geschichte, Botanik, Anbau, Herstellung, Heilwirkung und Zubereitung des Blättertrankes zusammen. Luh Yü gilt heute noch als Schutzpatron des Tees, sein Werk entwickelte sich zu einem Klassiker und wurde gut 1100 Jahre nach der ersten Publikation sogar noch ins Englische übersetzt.

Grüner Tee hatte von Anfang an ein positives Image und wurde mit Komplimenten und Lobeshymnen überhäuft. Selbst Kaiser Hui Tsung (1101–1126) griff zur Feder und verewigte seine hohe Meinung vom Tee im „Kuan Ch'a Lün", der „Abhandlung über den Tee". Darin feierte er ihn als ein Mittel, das Geist und Körper von jeder Missstimmung befreien und die Menschen zu vollkommener Glückseligkeit führen könne. Der glühendste Teeverehrer war allerdings der taoistische Dichter Lo Tung. Er schwärmte von den rauschhaften Zuständen, die ihm Tee bescherte und pries ihn als eine Art Droge, die die Tür zum „Elysium" öffne. Er schrieb auch: „Ich interessiere mich nicht für die Unsterblichkeit, sondern nur für den Geschmack des Tees." Diese Absolutheit brachte ihm den Beinamen „Teenarr" ein.

Als Tee immer populärer wurde, entdeckte ihn die chinesische Regierung als Einnahmequelle und erhob Ende des 9. Jahrhunderts die erste Teesteuer.

Teeziegel aus gepressten Teeblättern

Verwandlungskünstler grüner Tee

Grüner Tee – das sind nach unserer Erfahrung getrocknete lose Blätter. Doch das war nicht immer so. Das Erscheinungsbild des Tees sowie seine Herstellungs- und Zubereitungsart haben sich im Laufe der Jahrhunderte immer wieder verändert. In der Tang-Zeit (618–906) wurden die gedämpften Blätter in einem Mörser zerstoßen und zu Ziegeln gepresst. Mit einer Reibe schabte man ein Stück von diesem großen Riegel ab und kochte es häufig mit verschiedenen Beigaben wie Ingwer und Orangenschalen. Oft wurde Salz in den Tee gegeben. Luh Yü lehnte später in seiner „Heiligen Schrift vom Tee“ jegliche Beigaben ab. Der pure, oft bittere Grünteegeschmack war plötzlich gefragt und wurde zu einem Symbol für das Einfache und Maßvolle. Wan Yu Cheng meinte, dass ihn die zarte Bitterkeit des Tees an den Nachgeschmack eines guten Rates erinnere. In der Sung-Dynastie (960–1279) kam der Pulvertee auf. Die Blätter wurden in einer Steinmühle zerrieben und das gewonnene Pulver mit einem Bambusbesen in einer Teeschale mit heißem Wasser aufgeschäumt, so wie es in der japanischen Teezeremonie heute noch üblich ist. Erst während der Ming-Dynastie (1368–1644) wurden die getrockneten Teeblätter mit kochendem Wasser übergossen, so wie wir es kennen. „Der Grund, weshalb der westlichen Welt die ältere Art des Teetrinkens unbekannt geblieben ist, liegt darin, dass Europa den Tee erst am Ende der Ming-Dynastie kennenlernte“, schreibt Okakuro Kakuzo in seinem „Buch vom Tee“. Und er hat Recht. Denn den ersten grünen Tee brachten die Holländer erst um 1610 nach Europa.

Exklusiv China

Die Geschichte des Tees blieb bis zum Beginn des 19. Jahrhunderts auf China beschränkt. Das lag daran, dass es nur dort und in Indien (Assam) wildwachsende Teepflanzen gibt und die Inder erst um 1823 von ihrem Glück erfuhren.

Anfangs konnten nur Länder Tee anbauen, die neben den klimatischen Voraussetzungen auch chinesische Teesamen hatten. Der erste erfolgreiche Teesamenschmuggel glückte zwei japanischen Mönchen.

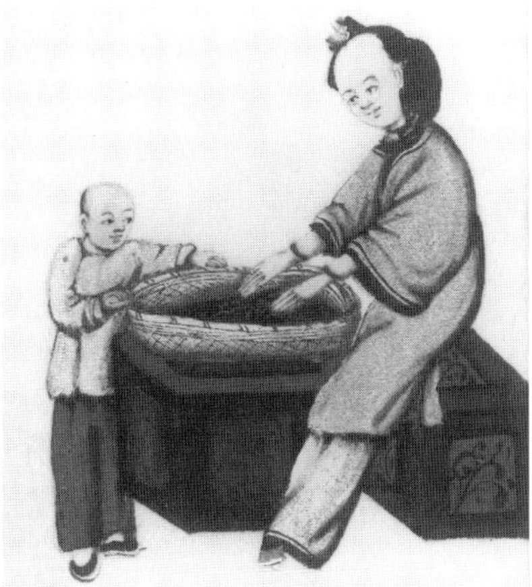

Das Rollen der Teeblätter

Japan

Die Mönche Saicho und Kukai brachten 801 n. Chr. die ersten Teesamen von China nach Japan. Dort wurde grüner Tee nicht nur zu einem Herzstück des alltäglichen Lebens, es gab bald keinen Bereich mehr, wo Tee keine Rolle spielte. Die Zenklöster entwickelten im 15. Jahrhundert aus dem Akt der Teezubereitung und

Tempel der Entspannung und des Friedens: das japanische Teehaus

des Teetrinkens sogar einen Erkenntnisweg: Die Teezeremonie. Sie beruht auf dem Glauben, dass Buddha auch in den kleinen Dingen des Lebens steckt und Teekochen ebenso der Schulung des Geistes dient wie die Meditation, das Bogenschießen oder die Blumensteckkunst. Der Adel übernahm die Teezeremonie von den Klöstern und machte daraus ein elegantes, geselliges Vergnügen. An diese feinen Teezusammenkünfte wurden oft ein Gelage und ein gemeinsames Bad angeschlossen. Auch Teewettstreite wurden ausgerichtet. Dabei mussten die Teilnehmer die Herkunftsregionen verschiedener Teesorten erraten. Teemeister, die diese festlichen Zeremonien bei Hofe vorbereiteten, waren hoch angesehen und hatten nicht selten auch politischen Einfluss. Das Drumherum dieser Teefeste wie die Gestaltung der Teehäuser, die Teekeramik, Blumenkunst und Kalligraphie wurden Teile des Gesamtkunstwerks Tee. So ungewöhnlich es auch der westlichen Welt erscheinen mag, aber die Japaner erhoben tatsächlich das Teetrinken zur Kunst, sie schufen im 15. Jahrhundert den „Teeismus" als künstlerische Stilrichtung. Der Begriff steht für die fast religiöse Verehrung der Japaner für den Tee, die Kunst, die sich mit dem Teekult verband und den Glauben an die durch die Teezeremonie erreichbaren Zustände wie Reinheit, Harmonie, Ehrfurcht und Stille.

Auch in den Sprichwortschatz fand der Tee Eingang: Der Ausspruch „Sie/Er hat Tee in sich" ist in Japan ein großes Lob. So werden Menschen bezeichnet, die ein Gefühl für Ästhetik und das richtige Maß haben und innere Zufriedenheit ausstrahlen.

Grüner Tee in Europa: Späte Erinnerung an einen altbekannten Geschmack

Grüner Tee ist bei uns das In-Getränk der 90er Jahre. In Deutschland hat sich der Grünteekonsum seit Anfang 1990 fast verzehnfacht. Doch neu ist der grüne Aufguss hier nicht. Europa hat nur vergessen, dass er schon einmal da war. Und zwar ganz am Anfang der europäischen Teegeschichte: Denn der erste Tee, den die Holländer um 1610 von China nach Europa brachten, war in erster Linie grün. Im Reich der Mitte gab es vorwiegend grünen Tee, schwarzer Tee wurde dort erst später in größeren Mengen für den Export hergestellt. Goethe, Madame Pompadour und Zarin Katharina gossen sich und ihren Gästen vorwiegend grünen Tee in die Tassen. Den schwarzen Tee lernten im großen Stil erst ihre Urenkel kennen, als die Engländer Ende des 19. Jahrhunderts die westliche Welt von den Vorzügen des Tees ihrer Kolonien überzeugten.

Doch Tee war anfangs nicht nur ein Modegetränk der Oberschicht, man konnte ihn auch in der Apotheke gegen Blähungen, Magenverstimmung und Gicht kaufen. Cornelius Bontekoe (1647–1685), der Leibarzt von Brandenburgs „Großem Kurfürsten" Friedrich Wilhelm, war von der segensreichen Wirkung des Tees derart überzeugt, dass er seinen Patienten empfahl, bis zu 100 Tassen täglich davon zu trinken. Doch nicht alle waren begeistert: Liselotte von der

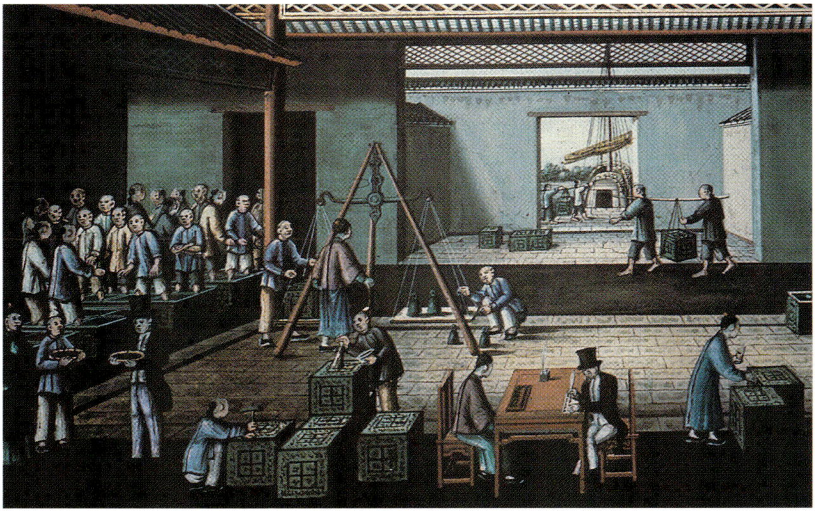

Teehandel mit europäischen Kaufleuten in Hongkong

Pfalz (1652–1722), Schwägerin von Ludwig XIV., schrieb über das neue Getränk: „Thee kombt mir vor wie Heu und Mist, mon Dieu, wie kann einem vernünftigen und gesund empfindenden Menschen sowas Bitteres und Stinkendes schmecken?“

Wie der grüne Tee verschwand

Als die Engländer Mitte des 19. Jahrhunderts in ihren Kolonien nur noch schwarzen Tee herstellten, stieg ganz Europa nach und nach vom grünen auf den schwarzen um. Es gibt verschiedene Hypothesen, die diesen Wechsel erklären.

1. Hypothese: Die Briten wollten sich von China als Teeproduzenten unterscheiden und chinesischen Tee von seiner Spitzenposition auf dem Weltmarkt verdrängen. Das gelang am besten, indem sie den Tee forcierten, der dort eher eine Ausnahmeerscheinung war.

2. Hypothese: Schwarzer Tee setzte sich in Europa besser durch, weil seine satte braune Aufgussfarbe an Bier erinnerte und der blass-grüne Aufguss des grünen Tees eher Assoziationen an Medizin weckte.

3. Hypothese: Schwarzer Tee eignete sich im Unterschied zum grünen viel besser für Zugaben wie Milch und Zucker. Er passte gut zu Kuchen und Plätzchen und entsprach dadurch dem europäischen Bedürfnis nach Süßigkeiten viel besser als grüner Tee.

Die Pflanze

Teepflanzen sind Universalgenies. Aus nur zwei Urpflanzen werden auf der Welt tausende von Teesorten erzeugt. Die große Sortenvielfalt entsteht durch die unterschiedliche Be- und Verarbeitung und durch die spezifischen Boden- und Klimaverhältnisse des jeweiligen Anbaugebietes. Botanisch gehört Tee zur Familie der Kameliengewächse und trägt wie viele Mitglieder dieser berühmten Gattung weiße Blüten. Doch das Interessante für alle Teeliebhaber sind die Blätter und Knospen der Pflanze, denn sie sind der Rohstoff des Tees. Weil sich die Wissenschaftler nicht mit einem Pflanzennamen begnügen konnten, trägt der Tee heute zwei lateinische Bezeichnungen: Der schwedische Botaniker Carl von Linné (1707–1778) nannte die grünen Blätter aus China „Thea sinensis" und sein britischer Kollege Sir George Watt taufte sie im 19. Jahrhundert in „Camellia sinensis" um. Beide Namen werden in der Literatur verwendet.

Teesträucher: Ein Meer aus Blättern

Strauch oder Baum?

Tee wird in den Teegärten immer zu einem 1,50 Meter hohen Strauch zurückgeschnitten, damit er sich leichter ernten lässt. In der freien Natur kann man ihn aber auch als Baum sehen. Die berühmtesten und wohl ältesten Teebäume stehen in einem Wald in der Region Xishuangbanna (Provinz Yunnan). Sie sind 32 Meter hoch, ihr Stamm hat knapp einen Meter Durchmesser und ihr Alter wird auf rund 1700 Jahre geschätzt.

Die Sortenvielfalt

Tee (schwarzer und grüner) wird in 50 Ländern der Erde angebaut. Doch nur in China, Taiwan und Assam gehört die Pflanze zur heimischen Flora. Neben den originären China- und Assam-Teepflanzen gibt es noch Hybriden, die aus Kreu-

Baumwollbaum und Teestaude (rechts): Tee gehört zu den Kameliengewächsen und trägt weiße oder rosafarbene Blüten

zungen der beiden Sorten mit- und untereinander hervorgegangen sind. Aus diesem relativ überschaubaren Ursprung entsteht Tee immer wieder neu, immer wieder anders. Grüner Tee, schwarzer Tee, weißer Tee und die Oolongs – sie alle werden aus den Blättern der Theaceae-Pflanzenfamilie gewonnen.

China-Teepflanze „Camellia sinensis“

Während die Blätter der Assampflanze in erster Linie für die Produktion von schwarzem Tee verwendet werden, ist die „Camellia sinensis“ ein echter Tausendsassa. Sie ist die große traditionsreiche Pflanze des grünen Tees, aus ihren Blättern werden aber ebenso weiße und schwarze Tees und die Oolongs gewonnen. Wegen ihres geringeren Gerbstoffgehaltes eignet sie sich auch besser für den grünen Tee als die Assamica.

Chinabüsche tragen im Allgemeinen schmalere und feinere Blätter und kommen mit Frost besser zurecht als die Assamsträucher. Doch nicht alle Chinapflanzen sind gleich. Im Reich der Mitte werden Teepflanzen unterschiedlicher Anbaugebiete seit Jahrhunderten miteinander gekreuzt, um ihre guten Eigenschaften zu maximieren. Und so gibt es heute eine Vielzahl von sogenannten Varietäten, die sich in Aussehen, Konsistenz der Blätter und im Aroma des Tees stark unterscheiden. Es gibt Pflanzen mit kleinen, mittleren, langen oder breiten Blättern. Manche Blätter haben eine ledrige Oberfläche, andere fühlen sich weich und flaumig an.

Auch in der Welt des schwarzen Tees gelten Chinapflanzen als beste Voraussetzung für die Erzeugung von qualitativ hochwertigen Tees. Arun Gomden, der Manager des bekannten Teegartens „Margrets Hope“ in Darjeeling (Indien)

Die China-Teepflanze (Camellia sinensis)

zeigte uns voller Stolz seine Chinabüsche und meinte, dass nur Plantagen, die mindestens 70 % der „Camellia sinensis“ anbauen, überhaupt hochwertige Tees erzeugen könnten. Doch nicht jedes Blatt von Chinabüschen ist Spitze. Die spezifischen Wachstumsbedingungen, die Sorgfalt bei der Pflückung und Verarbeitung beeinflussen ebenfalls wesentlich die Qualität.

Assam-Teepflanze „Camellia assamica“

Es war eine Sensation, als der schottische Major Robert Bruce 1823 auf einer Reise durch den Dschungel von Assam (Nordindien) wildwachsende Teebüsche entdeckte. Tee war bis zu diesem Zeitpunkt durch und durch chinesisch, keiner hatte damit gerechnet, dass er ganz natürlich in der indischen Pflanzenwelt vorkam. Im Unterschied zu den chinesischen Verwandten haben die Assamteebüsche breitere und größere Blätter und eine tropischere Natur. Sie brauchen viel Wärme und eine hohe Luftfeuchtigkeit, dann, so sagt man, kann man ihnen beim Wachsen zusehen. Aus der „Camellia assamica“ entstehen hauptsächlich Schwarztees. Denn die grünen Tees dieser Gattung würden bitterer schmecken als die der „Camellia sinensis“. Die Assamica wird fast nur in Ländern angebaut, die keine Grünteetradition haben. Einige wenige Teegärten in Assam haben etwas Grünteeerfahrung, und wenn die Nachfrage nach der grünen Alternative steigt, dann werden auch sie möglicherweise mehr grünen Tee produzieren.

Hybrid-Pflanze

Die Kreuzungen zwischen den einzelnen Sorten nennt man Hybride. Sie sind heute Grundlage fast aller Teekulturen der Welt. In Indien findet man oft Hybride zwischen China- und Assampflanzen. Ihre Blätter sind schmaler als die von Assambüschen und breiter als die von Chinapflanzen. Daneben gibt es auch Kreuzungen innerhalb derselben Pflanzengattung. In China werden zum Beispiel die „Camellia-sinensis“-Pflanzen verschiedener Teeprovinzen miteinander gekreuzt. Dadurch werden eine bessere Anpassung an die Anbaubedingungen sowie Ertrags- und Qualitätssteigerung erreicht.

Das Klima

Tee wächst nur in subtropischen Regionen. Regenreiche Nächte, sonnenwarme Tage und wenn möglich etwas Höhenluft sind für die „Camellia sinensis“ optimal. Auch wegen der häufigeren Niederschläge werden Höhenlagen als Anbaugebiete bevorzugt. Denn Teepflanzen brauchen etwa 1600 Liter Wasser im Jahr.

„Two leaves and a bud" – nach dieser Regel wird der Tee geerntet

Die Ernte des Teestrauches

Ein Teestrauch hat tausende von Blättern. Aber nicht jedes Blatt wird Tee. Die Pflückformel für Qualitätstees lautet weltweit „Two leaves and a bud". Das heißt, dass nur die beiden obersten Blätter und die Knospe vom Strauch gepflückt werden dürfen, denn in ihnen sitzt das feinste Aroma.

In den Wachstumsperioden kann man einen Teestrauch etwa alle 10 bis 15 Tage ernten. So lange dauert es, bis nach der letzten Pflückung zwei Blätter und eine Knospe nachgewachsen sind. Im Winter legen die Pflanzen eine Vegetationspause ein. Alle Nährstoffe, die im Boden stecken, sammeln sich dann in der Pflanze und entfalten sich mit den wärmeren Temperaturen im Frühjahr. Deshalb haben die ersten Triebe auch eine Extra-Portion Inhaltsstoffe und Aroma. Die grünen Tees aus der ersten Pflückung gelten als die besten.

Das gemächliche Wachstum – Geheimnis der Qualität

Ein schonendes, langsames Wachstum schenkt dem Tee letztlich eine größere Aromafülle. Das ist neben den häufigeren Niederschlägen ein weiterer entscheidender Grund für den oft mühevollen Teeanbau in den Hochlagen. Denn in der Höhe ist das Pflanzenwachstum langsamer als im Flachland, und so können sich die Geschmacks- und Inhaltsstoffe in den Blättern vollständiger entfalten. Umgekehrt gilt: Ein schnelles Wachstum – zum Beispiel durch vermehrte Regenzeiten – geht immer etwas zu Lasten der Qualität.

Hochlagen sind deshalb sowohl bei Tee als auch bei Kaffee ein Synonym für hohe Qualität. Die sogenannten „Highgrown-Teas" sind immer teurer als die „Lowland-Teas".

Wie aus den grünen Blättern Tee wird

Getrocknete Blätter – so simpel sieht Tee aus. Doch die Teeverarbeitung ist eine hohe Kunst. Denn nur wenn die grünen Blätter mit Sorgfalt und Sachverstand behandelt werden, erfreuen sie später in der Tasse den Genießer. Alle Raffinessen bei der Herstellung erfordern letztendlich ein solides Wissen um die Bedürfnisse dieser sensiblen Pflanze. Weil auch Fühlen, Riechen, Schmecken, Fingerspitzengefühl und Intuition bei der Arbeit mit dem Tee gefragt sind, geschieht es immer wieder, dass mittelmäßige Teegärten plötzlich Spitzenqualitäten erzeugen, wenn ein Manager kommt, der das „richtige Händchen" für Tee mitbringt.

Teeverarbeitung beginnt mit der Pflückung. Je sorgfältiger und behutsamer die Blätter vom Strauch geerntet werden, umso besser ist es für die Qualität des Tees. Es ist wichtig, dass die Pflückerinnen nur die Knospe und die beiden ersten Blätter ernten, weil sie das zarteste Aroma haben. Daneben dürfen die Blätter möglichst keine feinen Risse haben, denn sonst kommt es zur Oxidation. Zum Vergleich: Auch ein Rosenblatt bekommt eine braune Stelle, wenn die Oberfläche an einem Punkt verletzt ist.

Nach der Pflückung muss alles ganz schnell gehen. Teeverarbeitung ist eine Abfolge von zeitlich genau aufeinander abgestimmten Arbeitsschritten. Zeitverzögerungen und Beschleunigungen können zu Lasten der Qualität gehen. Wenn die Blätter zu lange welken, schmeckt der Tee nicht ganz so aromatisch, wenn sie zu kurz getrocknet werden, besteht die Gefahr, dass er einen unerwünschten Beigeschmack erhält. Damit die Blätter zügig weiterverarbeitet werden können, befinden sich alle Teemanufakturen direkt auf dem Gelände der Plantage.

„Eile mit Weile" ist das richtige Prinzip für Tee: Denn für die einzelnen Arbeitsgänge sollte andererseits wieder genügend Zeit sein. Es ist zum Beispiel schonender für das Aroma, wenn die Blätter an der Luft welken können und der Prozess nicht durch Heißluft aus Ventilatoren künstlich beschleunigt wird.

Es dauert zwischen 8 und 14 Stunden, bis aus den grünen Blättern Tee geworden ist. In der Regel gewinnt man aus drei Kilo gepflücktem Blatt ein Kilo grünen Tee.

Der Unterschied zwischen grünem und schwarzem Tee

Schwarzer und grüner Tee entstehen aus denselben Blättern. Erst nach dem Welkvorgang ist die Weiterverarbeitung unterschiedlich. Schwarzer Tee wird fermentiert, das heißt, dass man die Oberfläche der Blätter durch das Rollen aufbricht und dann das gesamte Blattgut zwei bis drei Stunden dem Sauerstoff der Luft aussetzt. Dabei kommt es zur Oxidation, die Blätter färben sich braun und auf mikrochemischer Ebene geschieht die große Geschmacksveränderung im Vergleich zum grünen Tee. Daneben verändern sich die Inhaltsstoffe. Durch die Fermentation werden Gerbstoffe in Aromastoffe umgewandelt, es verringert sich dadurch der Anteil der Gerbstoffe, aber auch der Gehalt von Vitamin C und einiger Mineralstoffe wie zum Beispiel Calcium.

Beim grünen Tee muss dagegen die Fermentation verhindert werden. Das geschieht durch kurzes Erhitzen der Blätter. Je nach Sorte werden die Blätter gedämpft, in Pfannen kurz erhitzt oder sogar geröstet.

Die Verarbeitung von grünem Tee

Die Methode der Teeverarbeitung ist mehrere 1000 Jahre alt und wurde in China entwickelt. An den grundlegenden Arbeitsprozessen hat sich über die Zeit nichts geändert. Die Grünteefabrikation umfasst meist folgende Schritte:

Erste Station der Teeverarbeitung: das Welken

Das Welken

Nach dem Pflücken lässt man die grünen Blätter zwei bis vier Stunden welken. Dabei verlieren sie 30 % ihrer Feuchtigkeit und werden geschmeidig für die weiteren Arbeitsgänge.

Das Erhitzen und Dämpfen

Hitze inaktiviert die Enzyme, die eine Oxidation, Fermentation oder sonstige chemische Veränderungen des grünen Blattes bewirken könnten. Dadurch bleibt die Farbe der Teeblätter und das typische Grünteearoma

Bei manchen Sorten werden die Teeblätter in einer großen Pfanne erhitzt

Alternativ dazu werden kleine Öfen zum Erhitzen benutzt

erhalten. Je nachdem ob man die Blätter dämpft, röstet oder in der Pfanne erhitzt, entsteht ein unterschiedlicher Grünteecharakter. In Japan wird die Ernte meist gedämpft und in China werden 90 % der Teeblätter in großen Pfannen erhitzt, 5 % gedämpft und 5 % geröstet. In China ist Teeverarbeitung zum großen Teil noch Handarbeit. Die Arbeiter der Teefabriken sitzen oft an kleinen Pfannen oder Öfen, drücken die Blätter auf die heiße Fläche, wenden sie, bis sie genug Hitze abbekommen haben.

Das Rollen

Dieser Prozess leitet beim schwarzen Tee die Fermentation ein. Dies unterbleibt beim grünen Tee durch das Erhitzen. Grüner Tee wird durch das Rollen geschmeidig gemacht. Daneben bewirkt dieser Prozess, dass die Inhaltsstoffe leichter und schneller bei der Zubereitung in die Tasse übergehen.

Das Trocknen

Durch das Trocknen wird die Arbeit am Teeblatt fixiert, die Inhaltsstoffe und insbesondere die Aromastoffe in ihrer einzigartigen Zusammensetzung festgehalten. In chinesischen Teefabriken werden die Trockenräume manchmal mit Holzfeuer beheizt. Das ist der Grund, weshalb einige chinesische grüne Tees ein Raucharoma haben, denn sie nehmen den Geruch des Holzfeuers in sich auf.

Neben diesen grundlegenden Prozessen der Teeverarbeitung hat jede Sorte ihre eigenen Regeln. Beim Gunpowder werden die Teeblätter zu kleinen Kügelchen gerollt, bei Winter Sweet oder Snowflakes zu Blütenformen gebunden.

Grüner Tee in Zahlen

Weltproduktion des grünen Tees:

China	413 784 Tonnen
Japan	84 800 Tonnen
Indonesien	30 000 Tonnen
Vietnam	25 200 Tonnen
Indien	8 172 Tonnen
Bangladesh	900 Tonnen
GUS	3 000 Tonnen
Sri Lanka	463 Tonnen
Summe	566 319 Tonnen

Stand: 1995

Weltproduktion schwarzer Tee: 1,9 Millionen Tonnen.

Entwicklung des Konsums von grünem Tee in der Bundesrepublik:

1990: 147 Tonnen
1995: 419 Tonnen
1996: 1249 Tonnen

Die Anbauländer

China

China ist in Sachen grüner Tee das Land der Superlative. Hier wurde der grüne Aufguss nicht nur entdeckt, hier gibt es die meisten Teeanbaugebiete, die meisten Sorten und hier werden 75 % der Weltproduktion des grünen Tees hergestellt. Das Knowhow der Teeverarbeitung, die traditionelle Aromatisierung mit Blüten und – last but not least – kommt auch die glänzende Seite des Tees, das Porzellan, aus China.

In China heißt der Tee Cha und wenn es um Cha ging, hat man sich im Reich der Mitte schon immer jede Menge einfallen lassen. Hier wurde alles, was mit den grünen Blättern machbar ist, ausprobiert. Hier wurden sie gerollt, geröstet, fermentiert, zu Ziegeln gepresst, zu Pulver gemahlen, zu kleinen Kügelchen gedreht und sogar zu Blütenformen zusammengebunden. Hunderte von Sorten und die großen Teefamilien wie schwarze, grüne, halbfermentierte und weiße Tees sind das Ergebnis des unerschöpflichen Erfindungsreichtums der Chinesen.

Der Tee des Kaisers und des Volkes

Für den Tee des Kaisers wurde im alten China eine besondere Erntemethode erdacht: Die kaiserliche Pflückung. Nur Jungfrauen durften dabei die Blattknospen mit goldenen Scheren vom Strauch schneiden. Sie mussten Handschuhe tragen, denn der Tee sollte unberührt sein, bis ihn der Kaiser genoss. Man spricht auch jetzt noch von „kaiserlicher Pflückung“, wenn bestimmte Spitzentees nur einmal im Jahr geerntet und nur die Knospen und vielleicht noch das erste Blatt verwendet werden. Tee aus China ist ein aufwendig hergestelltes Produkt, das auch heute noch das Prädikat „Handmade“ verdienen würde.

Paradies der Teesorten

Die unfassbare Sortenvielfalt bietet Grünteeliebhabern eine Fülle von geschmacklichen Entdeckungen. Es gibt rauchig-verwegene, blumig-fruchtige, einfache und sehr edle chinesische grüne Tees. Die genaue Zahl der Sorten hat nie jemand ermitteln können. In der Literatur ist von mehreren Hundert und sogar

Chinesische Teepflückerin

einmal von 8000 die Rede. Man kann schwer Ordnung in diese Fülle bringen. Denn jede Provinz hat nicht nur eigene Teespezialitäten, sondern die gleichen Sorten fallen auch von Gebiet zu Gebiet verschieden aus, da die klimatischen Bedingungen und Bodenverhältnisse variieren und auch regional unterschiedlich produziert wird.

Einige berühmte chinesische Grüntees wie der edle Lung Ching (Drachenbrunnen) wurden schon vor mehreren hundert Jahren erfunden, andere erst vor wenigen Jahren und manch alte Sorte ist mit der Zeit auch wieder in Vergessenheit geraten. Bei der Namensgebung der einzelnen Sorten wurde mit schönen Worten nicht gespart. Viele sind nach Gottheiten, Sagengestalten, Blumen, Flüssen und Bergen benannt. Zu den weltbekannten Grünteeklassikern zählen Chun Mee, Gunpowder, Lung Ching und Pi Lo Chun (siehe auch Kapitel „Grüntees aus China und Formosa“, Seite 40 ff.).

Wenn auch einige deutsche Teegeschäfte 20 chinesische Grüntees im Angebot haben, so ist das nur ein kleiner Ausschnitt der tatsächlichen Vielfalt. Niemand kennt alle Sorten. Auch passionierte Teeprofis werden immer wieder von bislang unbekannten chinesischen Teekreationen überrascht. Viele hochwertige Sorten, die in chinesischen Geschäften angeboten werden, sind teilweise genauso teuer wie bei uns. Aber die Chinesen sind bereit, für diese Luxustees einen größeren Teil ihres Monatsgehaltes auszugeben.

Neben den einzelnen Sorten wurden auch die großen Teefamilien wie schwarzer, grüner, halbfermentierter und weißer Tee in China entwickelt.

Weiße Tees sind bei uns noch wenig bekannt, aber einige von ihnen gehören zu den kostbarsten und teuersten der Welt. Ihr Name leitet sich von ihren silbrig-weißen behaarten Blättern ab. Ein Kilo „Yin Zhen“, ein weißer Tee, der übersetzt „Silbernadeln“ heißt, kostet auf dem Weltmarkt 500 Dollar. Meist erzeugt ein Teegarten nicht mehr als 20 Kilo im Jahr davon. Denn er wird nur einmal im Jahr mit der kaiserlichen Pflückmethode geerntet.

Charakteristik

Die chinesischen Grüntees lassen sich geschmacklich nicht über einen Kamm scheren. Das einzig, relativ verlässliche Merkmal des chinesischen Grüntees ist seine Farbe. Er hat ein helleres Grün als der japanische und färbt in der Tasse eher gelb als grün. Ein zartes Raucharoma ist zwar eine chinesische Besonderheit, aber längst nicht alle chinesische Sorten haben diese Spezialität. Es gibt auch jede Menge blumige Grüntees. Übrigens entsteht diese feine Spur von Raucharoma bei der Teeproduktion ganz nebenbei. Viele chinesische Teemanufakturen beheizen die Öfen zum Trocknen der Blätter mit Holzfeuer. Und der Tee nimmt den rauchigen Duft des Feuers in sich auf.

Die Teeprovinzen

In 17 chinesischen Provinzen und rund 1000 Kreisen wird Tee angebaut. Die Teeregionen liegen vorwiegend im Süden des Landes und erstrecken sich von Hainan im äußersten Süden bis nach Shandong im Norden. Es sind Anhui, Fujian, Gansu, Guangdong, Guangxi, Guizhou, Hainan, Henan, Hubei, Hunan, Jiangsu, Jiangxi, Shaanxi, Shandong, Sichuan, Yunnan und Zhejiang. Die gesamte Teeanbaufläche beträgt 1,2 Millionen Hektar. Der Großteil davon liegt in Hochlagen. Hier in der Höhe kann der Nebel in regenarmen Zeiten den Teepflanzen die Feuchtigkeit geben, die sie so dringend brauchen. In den meisten Teegebieten Chinas erstreckt sich die Ernte von April bis Oktober.

Teeernte in China: Aus drei Kilo frischem Blatt wird ein Kilo grüner Tee

Einige Provinzen kurz vorgestellt:

Das Yunnan-Guizhou-Plateau gilt als die Ursprungsregion des chinesischen Tees. Die Teebüsche haben hier besonders breite Blätter und so spricht man vom Yunnan-Großblatt-Tee. Der berühmte Tee der Region ist der gleichnamige Schwarztee „Yunnan“. Doch auch viele Grüntees wie Chun Mee, Mu Dan und Tuocha werden hier hergestellt.

Die Provinz Zhejiang ist der größte Teeproduzent Chinas. Man sagt, dass die Hälfte des Tees, der außerhalb von China getrunken wird, aus Zhejiang stammt. Schon in der Tang-Dynastie (618–906) sollen zwei Mönche hier einen Teegarten gehabt haben. Kaiser Quianlong verlieh dem Lung Ching (Drachenbrunnen) aus Xihu (Zhejiang) im 18. Jahrhundert das Prädikat „Tee des Kaisers“. Zu den Spezialitäten Zhejiangs gehört auch der feine Gunpowder „Green Pearls“, der aus der Gegend um die Stadt Pingshui kommt.

Fujian ist eine vielseitige Teeprovinz mit langer Tradition. Hier ist die Heimat des Oolong und hier werden die erlesenen weißen Tees hergestellt. Auch viele klassische Grüntees kommen aus dieser Gegend. Einige Oolongs von Fujian sind nach Bergen dieser zauberhaften Region benannt wie „Tianxin Rock“.

Jiangxi war früher eine Provinz, die Tee hauptsächlich für den Export herstellte. Die Spezialität der Region: Zhu Lan Cha Jing – ein grüner Tee mit Orchideenaroma.

Auf der Insel Hainan ist es wärmer als in den anderen Provinzen. Hier kann Tee das ganze Jahr über geerntet werden und die Teesträucher brauchen einen Schutz vor zu viel Sonne. Deshalb pflanzt man Kautschukbäume als Schattenspender zwischen die Teesträucher. Das Ganze erwies sich als glückliche Verbindung, denn die Mischkultur brachte beiden Sorten eine Ertragssteigerung. Darüber hinaus hat Tee, der im Schatten wächst, meist zartere, weichere Blätter und ein milderes Aroma.

Tee mit Qualitätsgarantie

Viele chinesische Teesorten haben nicht nur einen Namen, sondern auch eine mehrstellige Nummer, die als Standard bezeichnet wird. Ein und dieselbe Grünteesorte wird oft in acht verschiedenen Qualitätsabstufungen angeboten. Und der Standard bezeichnet die Qualitätskategorie der jeweiligen Sorte. Hinter der Nummer 3505 verbirgt sich zum Beispiel „Gunpowder Spezial“. Für jede Teesorte gibt es eine eigene vorgeschriebene Verarbeitungsmethode, die sogenannte S. O. P. (Standard Operating Procedure).

Wenn Teeeinkäufer zum erstenmal einen chinesischen Grüntee unter einer gewissen Nummer ordern, bekommen sie ein Muster des gewünschten Standards zum Kennenlernen. Bei allen weiteren Bestellungen können sie sich darauf verlassen, dass der Standard immer wieder die gleiche Qualität aufweist. So kann auf weitere Teemuster verzichtet werden. Was sich allerdings nicht standardisieren lässt, ist das Wetter. Und so unterliegen die chinesischen Grüntees selbstverständlich auch den unterschiedlichen klimatischen Bedingungen, die qualitätsbestimmend sind.

Der Handel

Große Mengen Tee werden über Auktionen an den Mann gebracht. Die Vertreter großer Teefirmen und Broker ersteigern bei den Teeauktionen in Kalkutta und Colombo die Teequalitäten, die sie haben möchten. Das Höchstgebot bekommt den Zuschlag. Nicht so in China: Hier bestellen die Teeimporteure direkt bei den Niederlassungen der chinesischen Tea Export Corporation in den einzelnen Provinzen die einzelnen Standards. Daneben wird heute auch schon ein Großteil der Superqualitäten und der edelsten Spezialitäten über den Privathandel vertrieben.

China in Zahlen

Ende des 19. Jahrhunderts war Tee das Hauptexportgut Chinas. 1891 wurden noch 106 000 Tonnen ausgeführt. Anfang des 20. Jahrhunderts verlor China seine Monopolstellung auf dem Weltmarkt. Indien, Sri Lanka, Afrika und Indonesien wurden zu den bedeutenden Schwarzteeproduzenten und Tee aus China zu einer seltenen Ausnahme in der westlichen Welt. Doch in den 80er Jahren ging es dann wieder kontinuierlich bergauf. 1988 wurden wieder knapp 200 000 Tonnen exportiert. China ist heute mit durchschnittlich knapp 600 000 Tonnen Jahresproduktion nach Indien der zweitgrößte Teeerzeuger der Welt. Beim grünen Tee belegt der Teegigant mit 400 000 Tonnen im Jahr mit großem Abstand die Spitzenposition. In 80 Länder der Welt wird chinesischer Tee exportiert. Die Hauptabnehmer sind Marokko, die GUS, Japan, Hongkong und die USA.

Japan

In Japan sind Leben und Tee eng miteinander verbunden. Ob im Alltag, der Kunst oder der Religion – grüner Tee spielt immer eine Rolle.

Hier hat man seit 1000 Jahren Erfahrung mit dem Teeanbau gesammelt und die Grünteelandschaft mit den weltberühmten Sorten Sencha und Gyokuro bereichert. Man mag kaum glauben, dass dieses klassische Grünteeland sehr wenig Tee exportiert. Nur 400 Tonnen japanischer Grüntee werden jährlich auf dem Weltmarkt verteilt. Ein Großteil davon hat Spitzenqualität.

Nirgendwo auf der Welt sehen Teegärten so aufgeräumt aus wie in Japan. Das liegt daran, dass die Oberfläche der Teebüsche mit Pflückmaschinen häufig so abrasiert wird, dass die Sträucher wie Zierrabatten dastehen. Der Eindruck von Klarheit und Überschaubarkeit setzt sich auch beim Sortenangebot fort. Während in China hunderte von Grünteesorten fabriziert werden, beschränkt sich Japan im Wesentlichen auf die Herstellung von 10 großen Teeklassikern (siehe Kapitel „Klassische japanische Grüntees“, Seite 45 ff.).

Übrigens: Japanische Grüntees heißen oft so, wie sie aussehen. Zum Beispiel heißt ein Tee, der aus Blattstengeln besteht, „Kukicha“. Das bedeutet auf deutsch „Blattstengeltee“.

Charakteristik

China und Japan erzeugen grundverschiedene Grüntees. Das bestimmende Merkmal der chinesischen Sorten ist unendliche Vielfalt, das von japanischen Grüntees Übersichtlichkeit und Einfachheit. In Japan baut eine Sorte auf der anderen auf, geht aus ihr hervor. So ist Kukicha ein Nebenprodukt des Senchas, Hojicha beruht auf Bancha und Matcha hat als Basis Schattentees: Teesorten als Steckprinzip.

Ein weiterer Unterschied ist die Farbe des Tees. Japanischer Tee ist der grünste von allen: Schon die Teefelder haben ein sattes, dunkles Grün und auch in der Tasse entwickelt japanischer Tee ein intensiveres Grün als chinesischer. Bei der Sorte „Gyokuro“ wird die Kraft des Grüns sogar noch durch einen kleinen landwirtschaftlichen Trick gesteigert: Drei Wochen vor der Pflückung bedeckt man die Teesträucher mit Schilfmatten und Netzen. In der Dunkelheit bilden sie mehr Chlorophyll. Dies ist der Grund für ihr tiefes Smaragdgrün.

Auch die unterschiedliche Herstellung von chinesischem und japanischem Tee bewirkt geschmackliche Unterschiede: Während man in China die Teeblätter

Teeplantage in Kikukawa, Japan

nach dem Pflücken in Pfannen erhitzt, werden sie in Japan in Maschinen zwischen 30 bis 60 Sekunden kurz gedämpft. Das Dämpfen verändert die Aromastoffe. Danach wird das Blattgut je nach Sorte drei- bis viermal gerollt und anschließend getrocknet. Für einige japanische Grüntees wie Sencha und Kokeicha ist es typisch, dass sie neben einer herben Note auch eine kräftige Spur Süße haben. Japanische Grüntees schmecken grasiger als chinesische Sorten und haben auch kein Raucharoma.

Die Anbaugebiete

In 11 von 47 japanischen Präfekturen (Regierungsbezirken) wird Tee angebaut. Die Hälfte des japanischen Tees stammt aus Shizuoka. Diese große Teeregion wurde auch durch einige medizinische Berichte über die außergewöhnlich niedrige Magenkrebsrate der dort wohnenden Bevölkerung bekannt. Der japanische Wissenschaftler I. Oguni führt dieses Phänomen auf den hohen Grünteekonsum der Einwohner Shizuokas zurück.

Als Spitzenteeanbaugebiet galt früher Uji (Präfektur Kyoto). Der König trank ausschließlich den Tee aus dieser Region. Für den Transport der Uji-Sorten, die für den Hof in Tokio bestimmt waren, wurde im 17. Jahrhundert sogar eine Art Prozession abgehalten. Diener mussten die Wege säubern und die Menschen knieten vor der Urne nieder, in der der Tee getragen wurde. Auch heute ist der Name Uji immer noch eine Auszeichnung für jeden Tee. Doch auch viele andere Gebiete haben ihre Stärken und interessanten Teespezialitäten.

Die Top-Sencha-Qualitäten kommen zur Zeit aus Hishida (Kagoshima-Präfektur), aus Wiki (Wakayama-Präfektur) und aus Ureshino (Saga-Präfektur). Gute Senchas erzeugen Shizuoka, Warashina, Tenryo und Hunyama. Für feine Gyokuros sind die Präfekturen Kyoto und Fukuoka bekannt.

Die Ernte

Nach der Vegatationspause im Winter tragen die Teebüsche Anfang April die ersten Knospen. In diesen jungen Trieben steckt die konzentrierte Kraft, die sich in der Pflanze in den kalten Monaten gesammelt hat. Mit der Wärme des Frühlings entfaltet sie sich in den Blättern und schenkt dem Tee ein feines Aroma

Der erste Tee – der First Flush – wird in Japan im April geerntet

voller Fülle. Deshalb ist der erste Tee des Jahres auch zugleich der beste. In Darjeeling, dem indischen Spitzenanbaugebiet für schwarzen Tee, wird die erste Ernte zelebriert. Sie ist weltweit unter der Bezeichnung „First Flush" bekannt und wird von den Teegeschäften als Besonderheit angeboten. In Japan und China dagegen macht man wenig Aufhebens vom ersten Tee des Jahres, obwohl seine herausragende Qualität ruhig etwas mehr Aufmerksamkeit verdienen würde.

Nach der ersten Ernte im April folgt in Japan die zweite im Juni, die dritte Pflückung ist dann Anfang August. Auf die Herbsternte wird manchmal verzichtet, weil sie in der Qualität weit unter den anderen Pflückungen liegt. Wenn es der Markt allerdings erfordert, muss auch im Herbst geerntet werden.

Übrigens: Das Klischee vom ständig grünteetrinkenden Japaner stimmt heute nicht mehr. Neuerdings entdeckt Japan den schwarzen Tee und importiert größere Mengen aus Indien. Auch der Kaffeekonsum steigt hier ständig an.

Japan in Zahlen

Insgesamt stellt Japan 85 000 Tonnen Tee im Jahr her. Das reicht nicht für den Eigenbedarf. 15 000 Tonnen müssen eingeführt werden. Da sich mangels geeigneter Anbauflächen die Mengen nicht mehr steigern lassen, produzieren China, Vietnam und Indonesien japanische Sorten wie Sencha, Gyokuro und Bancha mit, um so den Bedarf in Japan zu decken. Übrigens: Schwarzer Tee spielt in der japanischen Teeproduktion eine sehr untergeordnete Rolle. Nur 4 Tonnen werden davon jährlich erzeugt.

Formosa

Aus Formosa kommen besonders feine grüne Tees. Obwohl die Insel auch einige eigene Teesorten kreiert hat, sind vor allem die Kopien bekannt, die hier von chinesischen Tee-Vorbildern gemacht werden, denn sie übertreffen nicht selten die Originale. Die große Spezialität der Insel sind halbfermentierte Tees wie Oolongs und Pouchongs, sowie der edle Grüntee Pi Lo Chun, „Jadespirale des Frühlings". Übrigens: Auch wenn die Insel schon längst Taiwan heißt, so trägt der Tee von hier auch oft noch den alten Namen „Formosa".

Taiwan ist ideal für Tee: Im Sommer wird es nicht wärmer als 28 Grad und im Winter nicht kälter als 13 Grad. Und so wachsen hier die Teepflanzen sogar wild. Die ersten Anbauversuche wurden auf der Insel erst um 1800 mit chinesischen Teepflanzen aus der Provinz Fukien gestartet. Die Produktion beschränkte sich anfangs auf chinesische Sorten. 1869 exportierte der Engländer John Dodd bereits Formosa-Oolong nach USA und 1881 begann der chinesische Kaufmann Wu Fu-Lao mit der Fabrikation des feinen Pouchong-Tees.

Bis 1980 war Taiwan in erster Linie ein großes Tee-Exportland. 75 % der Produktion wurden ausgeführt. Doch mit der Zeit fanden die Taiwaner selbst Gefallen an ihrem Tee und der Inlandsverbrauch stieg so kräftig an, dass heute nur noch 25 % des Tees in den Export kommen. Dieser Umschwung ist auf den gestiegenen Lebensstandard der Taiwaner und auf Werbekampagnen für das Teetrinken zurückzuführen.

Für alle Experimente rund um den Tee hat Taiwan eine eigene Tee-Forschungsstation. Hier werden die Eigenschaften verschiedener Teepflanzen getestet, die Qualität der aktuellen Ernte geprüft, aber auch neue Produkte entwickelt wie Instant-Tees, Zitronentees, Teemarmelade, Teeweine oder Tee als Bestandteil von Badesalz. Die hochklassigen Taiwan-Tees erscheinen nicht auf Teeauktionen, den offiziellen Handelsplätzen für Tee. Sie sind so begehrt, dass sie den Herstellern aus den Händen gerissen werden. Findige Teeimporteure sind deshalb um ein gutes Verhältnis zu den Spitzenerzeugern Taiwans bemüht.

Klassische Sorten

Oolong

Die Oolongs sind Taiwans Spezialität und zugleich meist produzierte Teesorte. Es handelt sich dabei um halbfermentierte Tees, die in Geschmack und Aussehen

zwischen grünem und schwarzem Tee liegen. Im Unterschied zum chinesischen Oolong wird der Taiwan-Oolong etwas länger fermentiert und hat somit einen stärkeren Schwarzteecharakter. Bei der Produktion dieses Teezwitters ist wirklich die hohe Kunst der Teeverarbeitung gefragt. Denn die „Teamaker" müssen hier genau wissen, wann und wie sie den Prozess der Fermentation am besten stoppen. Es heißt, dass die Fermentation abgebrochen wird, wenn das Blattgut beginnt, nach Orchideen zu duften. Oolongs werden meist nicht in großen Teefabriken, sondern häufiger in kleinen Familienbetrieben erzeugt. Es gibt rund 5000 solch kleiner Teeverarbeiter. Da Oolongs mit der Hand hergestellt werden müssen, ist ihre Produktion aufwendig und teuer. Deshalb fördert die Vereinigung der Teeerzeuger die Entwicklung von Maschinen, die eine Kostensenkung ermöglichen.

Pouchong

Pouchong wird im Unterschied zum Oolong nur sehr kurz anfermentiert. Er hat nur einen sehr leichten Schwarzteecharakter und meist ein blumiges Aroma.

Die Anbaugebiete

Die Teeanbaugebiete Taiwans sind im Norden und in der Mitte der Insel konzentriert. Die Top-Qualitäten kommen aus dem Hochland von Nantou und Chiayi.

Die Ernte

In Taiwan gibt es fünf Teeernten: Eine im Frühjahr, zwei im Sommer, eine Herbst- und eine Winterernte. Die besten Qualitäten stammen aus der Frühjahrspflückung. Die Ernteperiode geht insgesamt von April bis November.

Formosa in Zahlen

Taiwan entwickelte sich vom Tee-Exportland zum Tee-Verbraucherland. 1973 wurden 28 639 Tonnen hergestellt und 23 516 Tonnen ausgeführt. Heute liegt die Produktion bei rund 22 000 Tonnen, der Export nur noch bei 6000 Tonnen.

Der Teeeinkauf

Grüner Tee ist genau das Richtige für Genießer, denn er hält die unterschiedlichsten Geschmackserlebnisse bereit. Man sollte deshalb vor dem Einkauf klären, ob man einen blumig-fruchtigen oder lieber einen herb-frischen Grüntee möchte. Wer glaubt, grüner Tee schmecke bitter, der soll auf alle Fälle eine neue geschmackliche Erfahrung machen und einen blumigen ausprobieren. Wir haben zur Orientierung einigen Grüntees Geschmacksrichtungen zugeordnet und bestimmt, ob die Sorten eher für jeden Tag oder für besondere Gelegenheiten geeignet sind. Jeder Tee hat selbstverständlich immer mehr als nur eine Geschmacksrichtung zu bieten.

Die Geschmacksrichtungen

Blumig, leicht: Lung Ching, Pi Lo Chun (Taiwan), Kukicha.
Blumig, würzig: Tian Mu Quing Ding, Mao Feng, Pan Long Yin Hao.
Herb, kräftig: Gunpowder, Chun Mee, Tuocha.
Frisch, harmonisierend: Kukicha, Sencha, Bancha.

Alltagstees

Gunpowder, Chun Mee, Sencha, Bancha, Hojicha, Kokeicha.

Edle Genüsse, Besonderheiten, Raritäten

Pi Lo Chun (Taiwan), Tian Mu Qing Ding, Mao Feng, Green Rock Snails, Pai Mu Tan (weißer Tee), Song Yang Ying Hao (weißer Tee), Sencha Superior First Flush, Gyokuro, Oolong (halbfermentierter Tee).
(Genauere Beschreibung der Sorten siehe „Klassische Sorten und Spezialitäten“, Seite 40 ff.)

Die Menge

Frischer grüner Tee schmeckt am besten. Deshalb sollten Sie sich nur von den Sorten größere Mengen zulegen, die Sie kennen und häufig trinken.

Qualitätsmerkmale

Neben Verarbeitung, Bodenbedingungen und dem Zeitpunkt der Ernte bestimmt auch das Wetter ganz entscheidend die Qualität des Tees. Das Mischungsverhältnis von Sonne und Regen hat großen Einfluss auf das Wachstum der Pflanze und die Entfaltung der Aromastoffe. Das ist der Grund, weshalb Teespitzenprodukte nicht beliebig reproduzierbar sind.

Sein wahres Gesicht offenbart jeder Tee erst in der Tasse. Aber auch sein Duft und sein Aussehen können vorweg als kleine Anhaltspunkte für seine Qualität dienen. Lassen Sie sich ruhig auch von Augen und Nase leiten, wenn Sie offenen Tee kaufen.

Der Duft des Tees

Grün hat einen eigenen belebenden Geruch. Gute Senchas riechen zum Beispiel nach frischem Gras und nach Sommerferien. Es gibt Tees, die herzerfrischend duften, andere riechen nach Blüten oder verströmen ein edles Aroma. Achten Sie darauf, welcher Duft Sie anspricht und welcher Sie nicht beeindruckt. Lassen Sie Ihre Nase mitentscheiden.

Das Aussehen des Tees

Jeder Tee hat ein äußeres Erscheinungsbild, das mehr oder weniger sympathisch wirkt. Einige Tees bestehen aus langen, spiralförmigen Blättern, andere aus feinen, leicht behaarten Blattknospen, bei manchen sind die Blätter zu Kügelchen gedreht und einige sehen aus wie Gras. In der Regel kann man auch als Laie sehen, ob die Teeblätter sorgfältig oder eher nachlässig verarbeitet wurden. Die Optik ist aber nur ein kleines Kriterium, das zum Gesamteindruck des Tees beiträgt. Das Aussehen des Tees sollte keinesfalls die Kaufentscheidung allein bestimmen. Denn es gibt einige Sorten, die relativ unscheinbar aussehen, aber in der Tasse eine wahre Wonne sind.

Tipps für Einsteiger

An das Geschmacksfeld des grünen Tees tastet man sich am besten mit einer Kostprobe eines japanischen und eines chinesischen Grüntees heran, damit man den Unterschied zwischen den beiden großen Grünteerichtungen kennen lernt. Genießer sollten sich von Anfang an etwas Gutes gönnen, denn so erfahren sie etwas über die Feinheiten dieses vielseitigen Getränkes und bekommen Lust auf weitere Grüntee-Abenteuer. Als Einstiegssorten wären geeignet: Lung Ching (China), Pi Lo Chun (Formosa), Sencha (Japan) oder Kukicha (Japan). Wenn es kräftig sein soll, startet man mit einem guten Gunpowder wie dem „Temple of Heaven“.

Wer sehr an das Aroma des schwarzen Tees gewöhnt ist, kann auch über den Umweg eines halbfermentierten Oolongs oder Pouchongs langsam in die Welt des grünen einsteigen. Denn diese halbfermentierten Tees schmecken noch ein bisschen schwarz. Danach kann man zu den richtigen Grüntees wie Gunpowder „Temple of Heaven“, Lung Ching oder Sencha vorstoßen.

Bambustablett für die japanische Teezeremonie

Tipps für Fortgeschrittene

Für Grünteeliebhaber ist in regelmäßigen Abständen eine Entdeckungsreise in verschiedene Teeläden obligatorisch, damit sie über neue Grünteesorten auf dem Laufenden bleiben und den geschmacklichen Erfahrungsschatz erweitern. Als Japanfan darf man keinesfalls die feinen Senchas der Frühjahrspflückung verpassen und auch das Feld um den grünen Tee sollte man nicht unbeobachtet lassen. Weiße Tees haben ein edles Aroma, das man erst so richtig schätzen kann, wenn man sich bereits durch einige Grüntees getestet hat.

Klassische Sorten und Spezialitäten

Grüntees aus China und Formosa

Chun Mee – einer der meistgetrunkenen Grüntees der Welt

Chun Mee

Fast jede Grünteeliste dieser Welt beginnt mit dem Chun Mee. Dieser populäre Grüntee zählt neben Gunpowder zu den größten Exporttees Chinas und ist nahezu Bestandteil des Pflichtsortimentes eines jeden Teeladens. Mit seinem typisch herben Aroma prägte er ganz entscheidend die Vorstellung, die sich die westliche Welt vom Geschmack des grünen Tees machte. Der Chun Mee ist ein kräftiger, ehrlicher Grüntee ohne jede Schnörkel. Weil die Chinesen fanden, dass seine Blätter wie kleine Augenbrauenhaare aussehen, hat er einen Namen bekommen, der sich von dem Wort „Zhenmei" ableitet, was so viel wie „schöne Augenbrauen" heißt. Obwohl er normalerweise als einer der einfachsten Grüntees gilt, gibt es ihn in unendlich vielen Qualitäten. Denn viele chinesische Provinzen stellen ihn nicht nur auf ihre eigene Art her, sondern auch noch in bis zu acht verschiedenen Qualitätskategorien. Traditionsreiche Chun-Mee-Provinzen sind Zhejiang, Anhui und Jiangsi. Chun Mee gehört zu den preisgünstigsten Grüntees und wird oft auch aromatisiert angeboten. Man kann ihn auch selbst mit Ingredienzen mischen, zum Beispiel mit Zitronengras.

Zubereitungsempfehlung: Dosierung: 12 Gramm Teeblätter auf 1 Liter Wasser; Wassertemperatur: 90 Grad; Ziehzeit: 1 Minute.

Gunpowder

Die Teeblätter des Gunpowder werden bei der Verarbeitung zu Kügelchen gerollt. Weil sie dann wie kleine Schrotkörner aussehen und zu knistern beginnen, wenn sie mit heißem Wasser in Berührung kommen, hat der Tee den Namen „Schießpulver" bekommen. Der Gunpowder ist einer der meistgetrunkenen Grüntees der Welt. Er schmeckt kräftig, herb und frisch und die edleren Qualitäten zeichnen sich dazu noch durch ein feines Aroma aus. Oft kann man seine Güte schon am Äußeren erkennen. Der hochwertige Gunpowder hat ein ganz eng gerolltes Blatt, der einfachere ist oft etwas nachlässiger gerollt. Dieser große Teeklassiker wird nicht nur in seiner Heimat China hergestellt, sondern auch in Formosa und neuerdings auch auf Ceylon. Als beste chinesische Sorten gelten der „Temple of Heaven", „Pin Head" und „Green Pearls". Dieser populäre Grüntee schmeckt nicht nur pur. In Nordafrika wird er klassisch mit Zucker und einem Minzblatt getrunken. Sein frisches, kräftiges Aroma macht sich auch gut in vielen Mixgetränken. Die Liebhaber von Eistee können ihn auch mit Zitronentee, Bitter Lemon oder Ginger Ale mischen.

Zubereitungsempfehlung: Dosierung: Zwischen 11 und 12 Gramm Teeblätter auf 1 Liter Wasser; Wassertemperatur: Der einfache Gunpowder: 90 Grad, Ziehzeit: 1 Minute; feinere Qualitäten: 75 Grad, Ziehzeit: 2 Minuten.

Lung Ching

Der Lung Ching, der übersetzt „Drachenbrunnen" heißt, ist ein blumiger chinesischer Grüntee der edlen Art. Kaiser Quianlong verlieh dieser feinen Sorte im 18. Jahrhundert sogar das Prädikat „Tee des Kaisers". Der Lung Ching hat ein jadegrünes, kurzes Blatt und sieht eher unscheinbar aus. Er überrascht aber durch ein fassettenreiches Aroma. Dieser Grüntee hat keine Bitterkeit, er bleibt immer sympathisch, mild und leicht. Angenehm ist auch, dass er zwar ein luxuriöses Geschmackserlebnis bietet, aber dennoch kein Loch in den Geldbeutel reißt.

Auch Formosa hat sich mit hochwertigen Lung Chings einen Namen gemacht. Sie haben in der Regel ein tieferes Grün und ein längeres Blatt als das chinesische Vorbild. Vereinzelt enthält der Formosa-Lung-Ching auch manchmal wenige behaarte Blattspitzen. Der Lung Ching der Insel schmeckt im Unterschied zum chinesischen kräftiger und würziger, etwas weniger blumig und hat eine feine Spur von Süße. Es macht Spaß, den Unterschied zwischen den Lung Chings der beiden Anbauländer zu testen und zu sehen, wie ein und dieselbe Teesorte je nach Herkunft einen ganz anderen Charakter bekommt.

Zubereitungsempfehlung: Dosierung: 13 Gramm Teeblätter auf 1 Liter Wasser; Wassertemperatur: 70 Grad; Ziehzeit: 2 Minuten.

Pi Lo Chun

Der Original-Pi-Lo-Chun kommt zwar aus China, doch viele edle Qualitäten dieses feinen, blumigen Grüntees werden in Formosa hergestellt. Die besten duften, nachdem man sie mit heißem Wasser aufgegossen hat, nach Blüten, manche sogar ganz zart nach Mangos. Entsprechend lieblich und fruchtig ist ihr Aroma. Selbst eingeschworene Schwarzteetrinker bringt dieser erlesene Grüntee auf den Geschmack. Er heißt übersetzt „Jadespirale des Frühlings" und seine dunkelgrünen Blätter haben – wie der Name sagt – die Form einer Spirale. Der chinesische Pi Lo Chun besteht aus kürzeren, nur leicht gedrehten Blättern. Dieser besondere Grüntee sollte ebensolchen Gelegenheiten vorbehalten sein.

Zubereitungsempfehlung: Dosierung: 12 Gramm Teeblätter auf 1 Liter Wasser; Wassertemperatur: 90 Grad; Ziehzeit: 3 Minuten.

Mao Feng

Feine Grünteespezialität mit silbrig-grünem, sorgfältig verarbeitetem Blatt. Der Mao Feng hat sowohl ein blumig-mildes Aroma als auch einen kräftig-runden Geschmack mit einer leichten Spur Süße. Er ist kein Alltagstee, den man nebenbei trinken sollte, seine geschmackliche Vielseitigkeit verdient mehr Beachtung und Aufmerksamkeit. Er empfiehlt sich besonders, wenn man bei einer Tasse Tee den Lärm der Welt vergessen möchte oder Lust und Zeit zum Genießen hat.

Zubereitungsempfehlung: Dosierung: 12 Gramm Teeblätter auf 1 Liter Wasser; Wassertemperatur: 70 Grad; Ziehzeit: 2 Minuten.

Tian Mu Qing Ding

Auf den ersten Blick sieht dieser Grüntee mit seinen kurzen dunkel- und hellgrünen Blättern relativ unscheinbar aus. Doch wenn er mit heißem Wasser in Berührung kommt, zeigt er, was in ihm steckt. Zunächst verströmt er einen vielversprechenden zarten Blütenduft. Wenn man ihn dann kostet, wird spätestens klar, dass er eine kleine Sensation ist. Mit seinem blumigen Geschmack voller Würzigkeit und Kraft ist er der richtige Tee für die feierlichen und eleganten Momente des Lebens.

Zubereitungsempfehlung: Dosierung: 12 Gramm Teeblätter auf 1 Liter Wasser; Wassertemperatur: 70 Grad; Ziehzeit: 3 Minuten.

Green Rock Snails oder Rock Snails

Jedes Teeblatt dieses Spitzenproduktes sieht aus wie ein kleiner Wollknäuel. Denn für diese Rarität aus den Bergregionen Südostchinas werden nur die behaarten Blattknospen und die feinsten Triebe verwendet und zu kleinen Kügelchen gerollt. Beim Aufguss entrollen sich die Blätter und zarte, hellgrüne Knospen kommen zum Vorschein, die aussehen, als hätte man sie eben gepflückt. Blatt und Blattknospe hängen meist noch zusammen.

Diese Grünteespezialität schmeckt, wie sie aussieht: Lieblich, wollig und sie umschmeichelt den Gaumen mit einem zarten, exquisiten Aroma. Die Aufgussfarbe ist silbrig-grün. Da er auf den ersten Blick durch seine ungewöhnliche Optik fasziniert, eignet er sich auch gut zum Verschenken. Weitere kugelige Sorten, die dem „Green Rock Snails“ ähneln, sind Tai Mu Long Zhu und Silver Pearl Mountain.

Zubereitungsempfehlung: Dosierung: 13 Gramm Teeblätter auf 1 Liter Wasser; Wassertemperatur: 90 Grad; Ziehzeit: 3 Minuten.

Pan Long Yin Hao

Dieser hochwertige Grüntee enthält viele Blattknospen mit silbernem Flaum. Wenn er im heißen Wasser aufgeht, sieht man meist ein entfaltetes Blatt und eine noch geschlossene Blattknospe, die miteinander verbunden sind. Der silberne Farbton der Knospen spiegelt sich auch in der zart-gelben Aufgussfarbe. Der Pan Long Yin Hao hat ein würziges edles Aroma und eine leicht blumige Note. Er ist sehr empfindlich und fordert volle Präsenz und Aufmerksamkeit bei der Zubereitung. Wenn man ihn nicht richtig dosiert oder zu lange ziehen lässt, büßt er einiges von seiner geschmacklichen Fülle ein.

Zubereitungsempfehlung: Dosierung: 12 Gramm Teeblätter auf 1 Liter Wasser; Wassertemperatur: 90 Grad; Ziehzeit: 2 Minuten.

Huo Cha Huang Ya

Auch wenn dieser Grüntee bei uns zur Zeit noch weniger bekannt ist, so gehört er zu den traditionsreichen Sorten, die bereits im alten China am Hof getrunken wurden. Sein Blatt ist kurz und leicht spiralig gedreht. Die Chinesen vergleichen es mit der „Zunge eines Vogels“.

Dieser königliche Tee hat ein sehr zartes Aroma. Nur eine sorgfältige Zubereitung entlockt ihm auch noch seinen fruchtigen Geschmack. Schmeckt er leicht bitter, so hat man ihn vermutlich überdosiert, zu heiß aufgegossen oder über die Zeit ziehen lassen. Dann sollte man ein zweites Zubereitungsexperiment starten.

Zubereitungsempfehlung: Dosierung: 13 Gramm Teeblätter auf 1 Liter Wasser; Wassertemperatur: 80 Grad; Ziehzeit: 2 Minuten.

Tuocha

Das Wort „Tuo“ bedeutet „kleine Bucht am Flusslauf“ oder „Vogelnest“ und „Cha“ heißt Tee. Und der Tuocha sieht auch aus wie ein kleines Vogelnest, weil die Blätter in diese Form gepresst werden. Neben einer auffälligen Optik bietet dieser besondere Tee jede Menge wertvolle Inhaltsstoffe. Er soll die Entschlackung und Verdauung fördern und wird bei Fastenkuren empfohlen, weil er angeblich kleineren Fettpölsterchen zu Leibe rückt. Als Schönheits- und Gesundheitstee wird er in Deutschland nicht nur in Teeläden, sondern auch in der Apotheke angeboten – oft auch in einer Schwarzteeversion. Der Tuocha hat einen intensiven Grünteegeschmack und ein starkes Raucharoma. Das heiße Wasser löst übrigens das Vogelnest auf, im Teesieb bleiben lange, grüne Blätter zurück.

Zubereitungsempfehlung: Dosierung: Zwei kleine Vogelnester für ein Liter Wasser; Wassertemperatur: 90 Grad; Ziehzeit: 3 Minuten.

Snowflakes, Mu Dan, Winter Sweet, Chrysanthemum oder Silvery Strawberry – Grüne Tees in Blütenform

Unter den verschiedensten Namen werden grüne Tees angeboten, deren Blätter zu dekorativen Blütenformen zusammengebunden sind. Diese kleinen Teekunstwerke stellen die Arbeiter in chinesischen Teefabriken noch mit der Hand

In mühsamer Handarbeit werden die Teeblätter zu kleinen Sträußen zusammengebunden

her. Sie sitzen meist auf dem Boden, formen aus den Blättern kleine Sträußchen und fixieren diese mit einem Bindfaden. Das Ganze sieht nicht nur hübsch aus, es ist auch praktisch. Die Teeblätter werden durch den Bindfaden nämlich in der Tasse oder Kanne zusammengehalten und schwimmen nicht frei herum. So kann man sie leichter entsorgen. Ein Blütengebinde enthält oft genau die richtige Menge für eine große Tasse Tee (0,25 Liter). Eigentlich sind sie viel zu schön, um aufgegossen zu werden. Aber immerhin kann man sie bis zu dreimal mit heißem Wasser wieder zu neuem Leben erwecken. Sie sind auch eine nette Geschenkidee.

Zubereitungsempfehlung: Dosierung: In der Regel drei bis vier Blüten auf 1 Liter Wasser; Wassertemperatur: 90 Grad; Ziehzeit: 3 Minuten. Mehrmaliges Auffüllen mit heißem Wasser möglich.

Klassische japanische Grüntees

Sencha

80 Prozent des in Japan produzierten Grüntees ist Sencha. Er gehört auch in Deutschland zu den meist getrunkenen Sorten. Sencha ist einer der wenigen Grüntees, deren Alter man kennt. Er soll 1738 entstanden sein. Wörtlich übersetzt heißt Sencha „gedämpfter Tee", denn seine Blätter werden nach dem

Pflücken leicht gedämpft. Da sie mehrmals gerollt und getrocknet werden, sehen sie so flach aus. Gute Senchas duften angenehm nach frischem Gras. Bitterkeit und Süße liegen in ihrem Geschmack nah beieinander. Es gibt diesen weltbekannten Grüntee in einer Fülle unterschiedlicher Qualitäten. Die Bandbreite reicht von einfach bis edel. Die Bezeichnungen für die hochwertigen Sorten sind häufig „Sencha Extra Fine", „Sencha Superior" und „Sencha Superior First Flush".

Die große Zeit des Senchas ist der Frühling. Dann werden die besten Qualitäten geerntet. Das Aroma eines Senchas aus der ersten Pflückung (First Flush) ist manchmal sogar feiner als das vom teuren und aufwendig produzierten Gyokuro. Normalerweise sind in unseren Teeläden die „First-Flush-Senchas" ab Juni erhältlich.

Zubereitungsempfehlung für einfache Senchas: Dosierung: 11 Gramm Teeblätter auf 1 Liter Wasser; Wassertemperatur: 90 Grad; Ziehzeit: 1 Minute.

Zubereitungsempfehlung für feine Senchas: Dosierung: 12 Gramm Teeblätter auf 1 Liter Wasser; Wassertemperatur: 70 Grad; Ziehzeit: 3 Minuten.

Für die optimale Zubereitung grüner Tees – hier des japanischen Sencha – empfehlen sich zwei Teekannen

Bancha

Bancha gilt in Japan als klassischer Alltagstee. Man trinkt ihn dort häufig zum Essen wie bei uns einen guten Tischwein. Wörtlich übersetzt heißt Bancha „Großblatt-Tee" und er besteht auch aus großen, leicht gerollten Blättern, die meist mit der Maschine geerntet wurden. Er hat ein frisches belebendes Aroma und jede Menge positive Energie. Da er am meisten Calcium und Eisen von allen Grünteesorten enthält, ist er ein sehr guter Beitrag für eine gesunde Ernährung. Daneben spricht für ihn, dass ihn die Makrobiotik empfiehlt. Das ist eine japanische Ernährungslehre, durch deren Anwendung angeblich schon krebskranke Menschen geheilt werden konnten. Er ist koffeinarm und kann deshalb auch noch abends getrunken werden, ohne dass man Einschlafprobleme befürchten muss.

Zubereitungsempfehlung: Dosierung: 11 Gramm Teeblätter auf 1 Liter Wasser; Wassertemperatur: 80 Grad; Ziehzeit: 1 Minute.

Hojicha

Die einfacheren Qualitäten des Banchas werden bei 200 Grad geröstet, um sie geschmacklich aufzuwerten. Das Ergebnis heißt Hojicha und erinnert an einen ganz zarten Schwarztee. Durch den Röstvorgang werden die Teeblätter so trocken wie Stroh. Der Hojicha bietet die gesundheitlichen Vorteile des Banchas, aber einen völlig neuen Geschmack. Da er wie der Bancha nur sehr wenig Koffein enthält, kann man ihn auch noch zu später Stunde genießen.

Zubereitungsempfehlung: Dosierung: 11 Gramm Teeblätter auf 1 Liter Wasser; Wassertemperatur: 90 Grad; Ziehzeit: 2 Minuten.

Gyokuro

Grüner Tee der Spitzenklasse mit aufwendiger, trickreicher Herstellung: Drei Wochen vor der Ernte werden die Sträucher mit Schilf- oder Bambusmatten bedeckt, die fast das gesamte Licht wegfiltern. Die Blätter, die somit ausschließlich im Schatten wachsen, bilden mehr Chlorophyll und weniger Gerbstoffe. Das Ergebnis ist ein vollfruchtiger, aromatischer Grüntee, der kaum Bitterkeit besitzt. Der Gyokuro hat ein tiefgrünes, nadelförmiges Blatt und ergibt einen zart gelb-grünen Aufguss. Für diesen kostbaren Tee, der übersetzt „Edle Tautropfen" heißt, verwendet man nur die Blätter der ersten Pflückung im Frühjahr, weil sie das feinste Aroma haben. Der Gyokuro gilt als der beste japanische Grüntee und er ist sicherlich auch der teuerste. Die Preise für 100 Gramm liegen zwischen 35 und 70 Mark. Dass er der beste Grüntee sein soll, ist sicherlich zu pauschal. Manche Top-Senchas sind ihm ebenbürtig und viele Sorten aus China und Taiwan bieten einen vergleichbaren und zum Teil noch viel feineren Grünteegenuss.

Zubereitungsempfehlung: Dosierung: 11 Gramm Teeblätter auf 1 Liter Wasser; Wassertemperatur: 60 Grad; Ziehzeit: 2 Minuten.

Kukicha

Dieser japanische Grüntee sieht wie frisch gemähtes Gras aus. Er besteht nicht nur aus Blättern, sondern auch aus ganz feinen, grünen und gelben Blattstängeln, die bei der Sencha-Herstellung fein säuberlich aussortiert wurden. Obwohl der Kukicha ein Nebenprodukt des Senchas ist, hat er einen völlig eigenständigen Charakter. Denn Blattstängel enthalten weniger Gerbstoffe und Koffein als Blätter, und so schmeckt der Kukicha ausgesprochen mild und frisch. Er hat ein blumiges, nuancenreiches Aroma, und wenn man einen besonders guten erwischt, kann man darin sogar eine Spur von Orchideen entdecken. Ihm fehlt alles Schwere, er ist ein leichter Genuss mit einer zarten, süßen Note.

Da der Kukicha aufwändig und nur in geringen Mengen hergestellt wird, ist er auch nicht ganz billig. Die Preise für 100 Gramm dieses Tees liegen zwischen 11 und 20 Mark. Neben dem Grüntee Kukicha gibt es den Kukicha-Zweigtee, für den die Zweige der Teesträucher verwendet werden. Er wird oft in Reformhäusern und Naturkostläden angeboten und schmeckt fast nach Lakritze.

Zubereitungsempfehlung: Dosierung: 11 Gramm Teeblätter auf 1 Liter Wasser; Wassertemperatur: 70 Grad; Ziehzeit: 2 Minuten.

Kokeicha

Kockeicha bedeutet wörtlich „gepresster Tee". Er besteht nicht aus Blättern, sondern aus Teepulver, das mit Reis vermischt und zu Stäbchen gepresst wurde. Diese grau-grünen Stäbchen sehen wie kurze Tannennadeln aus. Der Kokeicha beschert einen milden, runden Teegenuss mit einer feinen, süßen Geschmacksnuance. Er ist nichts für Grüntee-Einsteiger. Denn er sieht weder nach Grüntee aus, noch schmeckt er typisch grün. Er passt besser für Teetrinker, die schon einige Erfahrung mit japanischen Sorten haben und den Kokeicha kennen lernen möchten.

Zubereitungsempfehlung: Dosierung: 11 Gramm Teeblätter auf 1 Liter Wasser; Wassertemperatur: 90 Grad; Ziehzeit: 1 Minute.

Matcha

Pulvertee der Spitzenklasse. Für dieses hochwertige Produkt werden Schattentees wie Tencha oder sogar Gyokuro in einer Steinmühle zu Pulver gemahlen.

Die japanische Teezeremonie fußt auf jahrhundertealten Regeln

Verwendet wird meistens der Matcha, ein grüner Pulvertee, der mit heißem Wasser übergossen und mit einem Bambusbesen aufgeschäumt wird

Der Matcha hat ein intensiv leuchtendes Grün. Er ist der klassische Tee der japanischen Teezeremonie. Das Pulver wird dabei in einer Schale mit heißem Wasser aufgegossen und mit einem Bambusbesen aufgeschäumt. Ohne diese Utensilien macht die Anschaffung von Matcha wenig Sinn. Es sei denn, man verwendet ihn für die Herstellung von Grüntee-Sorbet oder Grüntee-Eis. Es schmeckt sehr erfrischend und passt wunderbar als Zwischengang oder Abschluss zu einem asiatischen Menü. Eine Kostprobe von Grüntee-Eis kann man jederzeit in einem guten Sushi-Restaurant nehmen.

Zubereitungsempfehlung: Dosierung: 3–5 Gramm Matchapulver auf eine Teeschale (300–400 ml); Wassertemperatur: 60 Grad.

Genmaicha

Der Genmaicha besteht aus Sencha, geröstetem Reis und Popkorn. Diese nach unserem Verständnis ungewöhnliche Teekreation ist in Japan ein Klassiker. Der Genmaicha sieht ansprechend aus und hat einen eigenwilligen Geschmack nach allen drei Ingredienzen. Er erfreut in erster Linie Teetrinker, die Spaß verstehen und das Außergewöhnliche lieben, denn ernstere Naturen haben für diese ungewöhnliche Art der Aromatisierung oft weniger Verständnis. Auf alle Fälle ist er auf seine Art exotisch und macht neugierig auf andere japanische Sorten.

Zubereitungsempfehlung: Dosierung: 12 Gramm Teeblätter auf 1 Liter Wasser; Wassertemperatur: 90 Grad; Ziehzeit: 1 Minute.

Von Oolongs, weißen Tees und anderen Besonderheiten

Oolong

Der Oolong ist ein Zwitterwesen zwischen einem grünen und einem schwarzen Tee. Er heißt „Schwarzer Drache“ und wird bei der Produktion etwas fermentiert, aber nicht vollständig. So sind manche Blätter dieses sogenannten „halbfermentierten Tees“ am Blattrand schwarz und in der Blattmitte noch grün. Die Blätter werden beim Welken am Blattrand leicht gedrückt, sodass sich dort ihre Oberfläche öffnet und die Fermentation einsetzen kann. Oolongs sind im Aroma viel feiner und zarter als schwarze Tees, haben aber meist nicht die Bitterkeit eines grünen Tees, sondern eine leichte Spur Süße. Obwohl sie eine chinesische Erfindung sind, kommen die feinsten Oolongs aus Taiwan und werden unter blumigen Namen angeboten wie „Oriental Beauty“ oder „Formosa Fancy Superior Oolong Taifu“. Der China-Oolong wird kürzer fermentiert als der Formosa-Oolong und hat daher mehr den Charakter eines grünen Tees.

Zubereitungsempfehlung: Dosierung: Zwischen 12 und 13 Gramm Teeblätter auf 1 Liter Wasser; Wassertemperatur: kochend; Ziehzeit: 3 Minuten.

Pai Mu Tan

Schon Kaiser Hui Tsung (1101–1126) pries weißen Tee als den besten und seltensten. Pai Mu Tan gehört zu dieser besonderen Teekaste, die wegen ihrer silbernen flaumigen Blätter so genannt wird. Der Pai Mu Tan besteht allerdings nicht ausschließlich aus silbernen Knospen, sondern enthält silber-grüne und hellbraune Blätter. Er hat einen zarten, edlen Geschmack ohne jede Spur von Bitterkeit. Sein feines Aroma kann man in der Regel besser schätzen, wenn man schon einige Grüntee- und Oolong-Erfahrung hinter sich hat.

Zubereitungsempfehlung: Dosierung: 11 Gramm Teeblätter auf 1 Liter Wasser; Wassertemperatur: 70 Grad; Ziehzeit: 2 Minuten.

Song Yang Ying Hao

Dieser weiße Tee besteht aus den typisch silbrig-weißen Blättern und Blattspitzen, denen er seinen Namen verdankt. Die Farbe kommt durch kleine zarte weiße Härchen zustande, die sich auf der Unterseite der Blätter befinden. Nur die Knospe und das erste Blatt dürfen für diese Rarität geerntet werden. Das Aroma vieler weißer Tees ist so zart und zurückhaltend, dass man eine Zeit braucht, bis man ihre ganze Fülle schmecken kann. Aber dann bietet dieser Tee ein luxuriöses Geschmackserlebnis. Da er weniger Gerbstoffe enthält, ist er auch sehr magenfreundlich.

Zubereitungsempfehlung: Dosierung: 12 Gramm Teeblätter auf 1 Liter Wasser; Wassertemperatur: 70 Grad; Ziehzeit: 2 Minuten.

Noch neu auf dem Markt: der grüne Darjeeling

Grüner Tee aus Darjeeling

Darjeeling ist die beste Herkunft, die ein schwarzer Tee haben kann. Und auch jeder grüne Tee zehrt von diesem klangvollen Namen. Doch Grünteeproduktion hat hier, in Indiens hohem Norden, keine Tradition, sondern ist zur Zeit noch eine Modeerscheinung. Und so kommt es, dass grüner Tee aus Darjeeling nicht so richtig grün schmeckt. Die Blätter sehen eher grau als grün aus und auch der Tee schmeckt eher schwarz als grün. Da das Grüntee-Abenteuer Darjeelings eben erst begonnen hat und jeder Teegarten auf inidviduelle Weise Tee herstellt, kann dieser Grüntee noch nicht eindeutig charakterisiert werden. Das Motto lautet hier: Öfter mal wieder in dieses Grünteefeld reinschmecken und unterschiedliche Teegärten ausprobieren.

Zubereitungsempfehlung: Dosierung: 13 Gramm Teeblätter auf 1 Liter Wasser; Wassertemperatur: 80 Grad; Ziehzeit: 2 Minuten.

Aromatisierte Grüntees

Jasminblüten sind die klassische Aromatisierung für grünen Tee. Kein Chinarestaurant kommt ohne diesen beliebten Tee aus. Schon vor 1000 Jahren stellte man in China aromatisierten Tee so her: Frische Jasminblüten werden in Schichten unter den Grüntee gemischt. Wenn die Blüten ihr Aroma an den Tee abgegeben haben, werden sie aussortiert, getrocknet und wieder zum Tee gegeben. Es ist ein wesentlicher Unterschied, ob ein Tee das Aroma durch echte Ingredienzen erhält oder mit sogenannten „natürlichen Aromen" besprüht wird. Denn die Aromen aus der Sprühdüse haben oft einen leicht übertriebenen Geschmack und eine Spur von Künstlichkeit. Sie decken in der Regel den Eigengeschmack des Tees zu. Hinzu kommt, dass echte Jasminblüten wahrscheinlich die verdauungsfördernde Wirkung des grünen Tees verstärken.

Zubereitungsempfehlung: Dosierung: 13 Gramm Teeblätter auf 1 Liter Wasser; Wassertemperatur: 90 Grad; Ziehzeit: 2 Minuten.

Jasmintee – der Klassiker unter den aromatisierten Grüntees

Die Zubereitung – wann Teeblätter alles geben

„Tee ist ein Kunstwerk und braucht eines Meisters Hand, um seine edelsten Eigenschaften zu offenbaren. Jede Zubereitung der Blätter hat ihre Eigenheit, ihr besonderes Verhältnis zu Wasser und Wärme, sie trägt bestimmte Erinnerungen mit sich und hat ihre eigene Art, ihre Geschichte zu erzählen."
(Zitat von Okakuro Kakuzo)

Die Teezubereitung ist seit jeher eine Domäne für Geheimtipps und magische Rituale. Es heißt, dass die englische Königin nie ohne Quellwasser für ihren Tee auf Reisen geht. Und in der japanischen Teezeremonie wird Teekochen sogar zur Kunst erhoben. „Eine feine Tasse Tee" war George Orwell so wichtig, dass er einen kleinen Aufsatz dazu verfasste. Tee gibt nur dann alles, was in ihm steckt, wenn er das bekommt, was er braucht. Viele Grüntees sind nur deshalb kein Genuss, weil die Blätter zu heiß aufgebrüht wurden oder zu lange im Wasser baden mussten. Dosierung, Ziehzeit und Wassertemperatur sind die Variablen, die den Geschmack des Tees ganz wesentlich beeinflussen. Dem Profi dienen sie als Instrumentarium zur Steuerung des Teearomas und der Wirkung.

Die Dosierung

Zwischen 11 und 13 Gramm grünen Tee auf einen Liter heißes Wasser ergeben in der Regel einen wohlschmeckenden Tee. Wer extreme Geschmackserlebnisse sucht und einen recht starken Grüntee haben möchte, muss entsprechend höher dosieren.

Teelöffel sind nicht gerade Messinstrumente, die für eine genaue Dosierung geeignet sind. Aber wenn man keine anderen Geräte zur Verfügung hat, sollte man davon ausgehen, dass ein Teelöffel durchschnittlicher Größe drei Gramm grünen Tee fasst. Daraus folgt, dass zwischen vier und fünf Teelöffel grünen Tee für einen Liter Wasser benötigt werden. Ob das nun gestrichene oder gehäufte Teelöffel sein sollen, kann von Sorte zu Sorte unterschiedlich sein und muss ausprobiert werden. Ansonsten sollte man am besten die Menge abwiegen.

Bei schlechter Wasserqualität hilft ein Filter

Das Wasser

Über das ideale Wasser für Tee haben sich die Chinesen schon vor mehr als tausend Jahren Gedanken gemacht. Luh Yü (728–804) erachtete in seiner „Heiligen Schrift vom Tee“ das Wasser eines Bergquells als das beste, Flusswasser und Bergwasser kamen danach. Und auch der englische Teespion Robert Fortune lobte einen mit Quellwasser zubereiteten Tee, der ihm auf seiner Mission in China 1848 kredenzt wurde, als den besten seines Lebens. Bei Großstadtmenschen erwecken die Geschichten vom frischen Quellwasser leider nur noch nostalgische Gefühle, denn die meisten sind froh, wenn sie wenigstens weiches Wasser für ihren Tee zur Verfügung haben.

Kalk, Chlor und andere Substanzen mit Eigengeschmack, die im Wasser enthalten sein können, sind Aromablockaden. Je weniger Ihr Wasser davon enthält, umso leichter und vollständiger können sich die aromatischen Feinheiten Ihres Tees durchsetzen. Weiches frisches Wasser mit möglichst wenig Rückständen ist eine der besten Voraussetzungen für einen geschmacklich runden Tee. Wenn Sie mit der Qualität Ihres Teewassers nicht zufrieden sind, dann probieren Sie etwas Neues aus. Testen Sie ein geschmacksneutrales Quell- oder Mineralwasser oder benutzen Sie Wasserfilter. Wenn Sie die Filterkartusche oft genug wechseln, sodass keine Keime entstehen, erfüllen Wasserfilter tatsächlich ihren Zweck.

Die Wassertemperatur

Während der Geschmack des schwarzen Tees erst mit kochend heißem Wasser vollständig zum Leben erwacht, mögen es grüne Teeblätter nicht so heiß. Sie entfalten ihr Aroma besser, wenn das Wasser nach dem Aufkochen etwas zur Ruhe kommt. Je nach Grünteesorte ist eine Brühtemperatur zwischen 90 und 60 Grad optimal. Grob kann man sagen: Kräftige Sorten sollte man mit 90 bis 75 Grad heißem Wasser übergießen, Sorten mit zartem Aroma hingegen mit 75 bis 60 Grad. Einige Teeläden bieten sehr schöne, hitzebeständige Glas-Thermometer an, die sich wunderbar in das Zubereitungszeremoniell integrieren lassen. Aber Sie brauchen nicht unbedingt einen Temperaturmesser, wenn Sie auf die Zeit achten. Ungefähr drei bis vier Minuten nach dem Aufkochen hat das Wasser 90 Grad. 12 bis 15 Minuten nach dem Siedepunkt ist die Temperatur auf 75 Grad gesunken.

Frage: Ist es denn überhaupt nötig, das Wasser aufzukochen, wenn grüner Tee bei so niedrigen Temperaturen aufgegossen wird? Antwort: Ja. Denn das Wasser wird durch das Kochen eher besser. Erstens zerstören die hohen Temperaturen Keime und falls Chlor enthalten ist, verflüchtigt sich zumindest ein kleiner Teil davon durch die Hitze.

Dennoch sollte man das Wasser nur kurz aufkochen, denn zu langes Kochen mindert die Qualität. Auch bereits einmal aufgekochtes Wasser ist nicht mehr teetauglich.

Die Zeit

Da die Inhaltsstoffe des grünen Tees nicht – wie im schwarzen Tee – in gebundener Form vorliegen, sondern frei sind, gehen sie auch schneller in das heiße Wasser über. Das ist der Grund, weshalb grüne Tees nicht so lange ziehen müssen wie schwarze.

Sie sind nach einer bis drei Minuten fertig. Die feinen Grüntees werden mit den niedrigeren Wassertemperaturen aufgebrüht, sollten dafür aber länger, also zwischen zwei bis drei Minuten, ziehen. Die einfacheren Qualitäten werden mit 90 bis 75 Grad heißem Wasser übergossen und brauchen nur eine bis zwei Minuten ziehen. Das ist allerdings eine grobe Vereinfachung. Denn jede Teesorte hat ihre eigenen Gesetze und im Zweifel sollte man auch die Brühempfehlung des Teeladens beachten.

Mehrmaliges Aufbrühen

In einigen Broschüren über grünen Tee ist zu lesen, dass er mehrmals aufgegossen werden kann. Diese Empfehlung orientiert sich aber an chinesischen Zubereitungsgewohnheiten, die sehr verschieden von den europäischen sind. Die Chinesen geben von vornherein die vielfache Menge an Tee in eine eigene Ziehkanne. Darin bereiten sie ein Teeextrakt, das man immer wieder neu mit Wasser aufgießen kann. In Europa dagegen ist es üblich, genau die Menge für eine Kanne Tee aufzugießen. Wenn Sie nun europäisch dosieren und mehrmals chinesisch aufbrühen, hat der grüne Tee nach dem zweiten Aufguss nicht mehr dieselbe geschmackliche Fülle. Denn die Teeblätter haben ihre Kraft verloren. Es gibt nur wenige Sorten, die mit der europäischen Methode einen zweiten Aufguss vertragen.

Und vergessen Sie nicht: Regeln geben in erster Linie eine grobe Orientierung. Ihr eigener Geschmack geht immer vor und Ihre Experimentierlust bringt Sie dem Tee näher, der Ihnen am besten schmeckt. Teezubereitung ist mehr als eine bloße Technik. Liebe zum Produkt ist dabei immer der beste Ansatz. Der berühmte japanische Teemeister Rikyu (1521–1591) meinte: „Bereite den Tee mit Wasser, geschöpft aus des Herzens Tiefe, dessen Grund unermesslich ist, dann wird Tee zum Erlebnis."

Teekanne, Teeei & Co

Was Teeblätter brauchen

Wenn Teeblätter mit Wasser in Berührung kommen, verdoppelt sich ihr Volumen. Es ist deshalb wichtig, dass die Teeblätter in den Aufgussutensilien genügend Platz zur Entfaltung haben und von allen Seiten vom Wasser umspült werden können. Denn nur dann kommen auch die Feinheiten ihres Aromas vollständig zur Geltung.

Blitzkocher

Für Teetrinker aus Leidenschaft ist ein Blitzwasserkocher empfehlenswert. Der gute alte Wasserkessel braucht nämlich immer noch zwischen acht und zehn Minuten, bis er einen Liter Wasser zum Kochen bringt. Die flinken Geräte schaffen es dagegen in fünf bis sechs Minuten.

Zwei Teekannen – die optimale Lösung

Für die beste und aufwendigste Zubereitungsmethode brauchen Sie zwei Teekannen. In eine Kanne gibt man die Teeblätter und gießt sie mit heißem Wasser auf. Am Ende der Ziehzeit schüttet man den fertigen Tee durch ein Sieb in die zweite Kanne um. Bei diesem Verfahren schwimmen die Teeblätter frei im Wasser und können ihre Inhaltsstoffe vollständig an das heiße Wasser abgeben.

Teekannen mit großen Siebeinsätzen

Sehr gut sind auch Teekannen mit großen Siebeinsätzen. Denn hier haben die grünen Blätter ebenfalls genügend Platz und können leichter entsorgt werden als mit der Zwei-Kannen-Methode. Nach dem Aufguss wird der Inhalt des Siebes in den Müll gekippt – fertig.

Apropos Teekannen: Wenn Ihnen das Aroma Ihres Tees am Herzen liegt, sollten Sie für grünen Tee eine eigene Teekanne verwenden. Denn schwarzer Tee oder Kräutertees haben einen ausgeprägten geschmacklichen Charakter, der sich mit der Zeit in der Kanne niederschlägt und das Aroma des Grüntees beeinflusst.

Teekannen mit großen Siebeinsätzen lassen dem Entfaltungsdrang der Teeblätter den nötigen Spielraum

Papierfilter

Romantiker mögen einwenden, dass Filtertüten in einer Plastikhalterung zu wenig Atmosphäre für ein so ätherisches Getränk wie Tee haben. Aber die Filtermethode, die sich beim Kaffee bewährt hat, ist auch für Tee geeignet. Denn die Teeblätter werden in den Zellstofffiltern ganz gut vom Wasser umspült und die Einrichtung ist insgesamt um einiges hygienischer als zum Beispiel ein Baumwollnetz.

Baumwollnetz

Baumwollnetze bieten erstens nicht genügend Platz und zweitens hinterlässt jeder Tee dort eine Geschmacksspur. Mit der Zeit enthält das Stoffnetz ein Sammelsurium an Aromen und es ist zweifelhaft, ob der aktuelle Tee darin seinen authentischen Geschmack entfalten kann. Hinzu kommt, dass diese Netze nach mehrmaligem Gebrauch nicht mehr appetitlich aussehen und möglicherweise auch nicht mehr hygienisch sind.

Teeei

Leidenschaftliche Teetrinker würden das Teeei am liebsten abschaffen. Denn es ist das Gegenteil einer komfortablen Unterbringung für Teeblätter. Erstens sind sie darin eingesperrt, zweitens bekommen sie durch die wenigen Löcher nicht genügend Wasser ab.

Aber trotz der Nachteile ist dieses klassische Aufgussutensil nicht totzukriegen und man sollte es auch nicht völlig verurteilen. Es kommt auf die Menge Tee an, die man damit aufbrüht. Für eine Tasse Tee reicht oft der Platz im Teeei aus und große Teeeier kann man manchmal auch für kleinere Teekannen nehmen. Doch für Teetrinker aus Überzeugung sind Teeeier keine Lösung auf Dauer. Denn die geschmacklichen Möglichkeiten des Tees kann man damit sicherlich nicht voll ausschöpfen.

Verschließbare Edelstahlsiebe

Für Teetrinker, die immer nur geringe Mengen aufbrühen, sind die verschließbaren Edelstahlsiebe nicht die schlechteste Lösung. Aber wenn das Sieb mehr als halb voll ist, dann wird es für die Teeblätter schon zu eng und man sollte auf eine andere Brühlösung umsteigen.

Für die schnelle Tasse zwischendurch sind die kleinen verschließbaren „Teesiebe am Stil“ sehr praktisch.

Tea-Timer

Wer häufig vergisst, die Teeblätter zur richtigen Zeit aus dem Wasser zu nehmen, der sollte sich einen kleinen Teewecker mit Piepton (Tea-Timer) anschaffen. Diese Zeitmesser im Taschenformat sind schnell eingestellt und so bleibt der Geschmack des Tees nicht länger dem Zufall überlassen.

Stövchen

Nur heißer Tee ist eine Gaumenfreude und spendet Behaglichkeit. Mit einem Stövchen kann man die Wärme länger im Tee halten. Allerdings: Je länger der Tee steht, umso mehr Geschmack und Inhaltsstoffe verliert er. Außerdem lösen sich die Gerbstoffe immer mehr und so schmeckt grüner Tee, der lange steht, auch etwas bitterer.

HALTBARKEIT UND AUFBEWAHRUNG DER GRÜNEN BLÄTTER

Das Verfallsdatum

Grüner Tee altert schneller als schwarzer. Er sollte ein halbes Jahr nach dem Kauf verbraucht sein. Denn dann sind einige Aromastoffe bereits verduftet. Aber nicht jeder Grüntee macht gleich schnell schlapp. Es gibt einige, die auch nach einem Jahr noch Kraft haben. Das muss man testen. Hinzu kommt, dass eine solide Aufbewahrung das Leben eines jeden Grüntees entscheidend verlängern kann.

Von Aromakillern und Geschmacksräubern

Das Aroma des Tees ist eine magische, aber leider auch leicht vergängliche Substanz. Denn die Baustoffe des Teegeschmacks, die ätherischen Öle, sind von Natur aus flüchtig. Die größten Aromakiller sind fremde Gerüche und Sauerstoff. Letzterer vertreibt mit der Zeit den Geschmack aus den Blättern und intensive Gerüche können den Tee so dominieren, dass nichts mehr von seinem ursprünglichen Charakter übrig bleibt. Deshalb sollte man Tee in möglichst gut verschließbaren Gefäßen unterbringen und nicht in der Nähe von stark riechenden Lebensmitteln wie Gewürzen, Kräutertee oder aromatisierten Tees lagern. Auch Bratenduft und andere intensive Küchengerüche können das Aroma des Tees mit der Zeit ruinieren. Tee ist sensibel und nimmt fremden Geschmack viel leichter an als Kaffee. Ein Test zeigte, dass ein Stück Schokolade, das drei Wochen in einer Kaffeedose lag, dem Aroma des Kaffees nichts anhaben konnte. Im Gegenteil: Die Schokolade schmeckte danach nach Kaffee. Der Tee dagegen nahm das Aroma der Schokolade an.

Die richtige Dose

Teetrinken ist ein sinnliches Erlebnis und mit einer schönen Teedose lässt sich die Vorfreude auf den Genuss durchaus steigern. Teedosen sind Kult- und Sammelobjekte. In den Museen der Welt stehen einige Exemplare von unschätzbarem Wert. Doch auch für wenig Geld gibt es dekorativ bedruckte Teedosen.

Teedosen: Schmuck für das Küchenregal und „Aromasafe“

Das Material Ihrer Dose sollte geruchsneutral sein. Daneben ist es wichtig, dass sie möglichst luftdicht schließt. Gut geeignet sind Behältnisse, die nur eine kleine Ausfüllöffnung haben, denn sie bieten dem Sauerstoff weniger Angriffsfläche, wenn sie geöffnet werden. Viele chinesische Porzellangefäße sehen zwar hübsch aus, aber Tee ist dort nur dann aromageschützt untergebracht, wenn man auf die Ausfüllöffnung einen zusätzlichen Verschluss aus Kork oder Papier setzt. Große Blech- oder Holzdosen kann man mit einer Alufolie auslegen. Die Alufolie kann man variabel an das Volumen des Tees anpassen und damit den Sauerstoff zusätzlich von den grünen Blättern fern halten.

Die aromadichte Kombilösung

Wer auf Nummer sicher gehen will, der kann den Tee mit der Aromaschutzfolie in eine Dose packen. Wichtig dabei ist, dass man den Sauerstoff vollständig aus der Tüte vertreibt und sie an das sich ständig verändernde Volumen des Tees anpasst.

Tee in der Tüte aufbewahren

Wer nicht mit Dosen hantieren will, der sollte die Aromaschutztüten, in denen der Tee verkauft wurde, so verschließen, dass sie direkt am Tee anliegen. Dann hat der Sauerstoff weniger Chance, die grünen Blätter geschmacklich auszulaugen.

Inhaltsstoffe

Die Hauptbestandteile des grünen Tees sind Gerbstoffe (Polyphenole), Koffein und ätherische Öle. Auch Vitamine, Mineralstoffe und Spurenelemente gehören in kleineren Mengen zum Wirkstoffumfang der grünen Blätter. All diese Substanzen tragen zum einzigartigen Aroma der jeweiligen Teesorte bei und entfalten dazu noch mit jedem Schluck eine sanfte Heilwirkung. Die Dosis der einzelnen Inhaltsstoffe variiert von Sorte zu Sorte. Sie hängt ab vom Alter der Blätter bei der Pflückung sowie vom Herstellungsverfahren, der Dosierung, der Länge der Ziehzeit, der Wassertemperatur und vom Alter des Tees.

Das Koffein

Die anregende Wirkung verdankt grüner Tee seinem Koffeingehalt. Allerdings streiten sich die Wissenschaftler über die genaue Menge der belebenden Substanz. Einige behaupten, dass schwarzer Tee mehr Koffein als grüner Tee enthält und andere sind vom Gegenteil überzeugt. Sicher ist, dass in Kaffeebohnen etwa

Für die Tasse zwischendurch – Teetassen mit Siebeinsatz

doppelt soviel Koffein steckt wie im Tee. Während das Koffein des Kaffees eher sturzartig in die Blutbahn gelangt, wird das Koffein des Tees durch die Gerbstoffe etwas abgebremst. Die anregende Wirkung geht deshalb beim grünen Tee sanfter und gemächlicher vor sich.

Die ätherischen Öle – die Bausteine des Aromas

Das Aroma des Tees ist ein Mysterium. Wissenschaftler fanden zwar, dass zwischen 25 und 400 verschiedene ätherische Öle zu dieser magischen Substanz beitragen, doch ganz entzaubert und analysiert ist der Geschmack des Tees dadurch nicht. Denn es konnten bis heute noch nicht alle Aromastoffe eindeutig bestimmt werden. Die Zusammensetzung der ätherischen Öle ist je nach Teesorte einzigartig.

Im chinesischen „Lung Ching“ wurden zum Beispiel ähnliche Duftstoffe wie in Geranien gefunden. Die Bezeichnung blumiges Aroma ist also durchaus begründet. Ätherische Öle sind flüchtig, ihr Anteil vermindert sich am rasantesten durch Hitze. Deshalb sollte man zarte Grüntees nur mit 75 bis 60 Grad heißem Wasser aufgießen. Die niedrigeren Temperaturen schonen das Aroma.

Neben der geschmacksbildenden Funktion haben die ätherischen Öle auch heilende Effekte. Sie wirken desinfizierend und bakterientötend und regen die Magensekretion an.

Gerbstoffe (Polyphenole)

Auch die Gerbstoffe tragen zum Geschmack des grünen Tees bei. Sie verleihen ihm seine herb-verwegene Note. Wenn ihr Anteil sehr hoch ist, kann ein Tee bitter schmecken, wenig Gerbstoffe dagegen ergeben blumig-fruchtige Grüntees. Die Gerbstoffe liegen in den grünen Blättern im Unterschied zum schwarzen Tee in ungebundener Form vor. Das heißt, dass sie vollständig ins heiße Wasser übergehen. Das ist der Grund, weshalb einige Grüntees etwas mehr Bitterkeit haben als Schwarztees.

Wenn sich die Gerbstoffe mit dem Kalk des Wassers verbinden, bildet sich ein transparenter Film auf der Oberfläche des Tees. Je höher der Kalkgehalt des Teewassers, umso dicker ist dieser Film. In der Teekanne schlägt sich dieser Film mit der Zeit als Patina nieder.

Die Polyphenole (Gerbstoffe) sind, wie der Name schon sagt, viele. Unter diesen Oberbegriff fallen die Flavanole, die Flavonole, Phenolsäuren, Depside,

Theaflavine, Thearubigine und andere. Die Mediziner führen die meisten Heileigenschaften des grünen Tees auf diese Stoffgruppe zurück. Diese Substanzen bekämpfen Viren und Bakterien, sollen krebsvorbeugend wirken und das Arteriosklerose- und Herzinfarktrisiko senken. Je länger der Tee zieht, umso mehr Gerbstoffe gehen in die Tasse über. Da die Gerbstoffe die anregende Wirkung des grünen Tees ausgleichen, wirkt grüner Tee umso belebender, je kürzer er zieht und beruhigender, je länger seine Blätter im heißen Wasser bleiben.

Aminosäuren

Grüner Tee enthält einige Aminosäuren, die Hälfte davon macht die Aminosäure Theanin aus.

Vitamine, Mineralstoffe, Spurenelemente

Die Konzentration der Vitamine, Mineralstoffe und Spurenelemente wurden für drei Gramm Tee angegeben. Das entspricht der Menge einer großen Tasse Tee (0,25 Liter).

Blühender Teestrauch

Fluor

Menge in drei Gramm grünem Tee: Zwischen 0,121 und 0,258 Milligramm.

Grüner und schwarzer Tee gelten als die Lebensmittel mit dem höchsten Fluorgehalt. Innerhalb der verschiedenen Grünteesorten erreicht der Gunpowder-Tee den Spitzenwert.

Tagesbedarf: Ein Milligramm.

Wirkung: Fluor festigt Zähne und Knochen und dient zusätzlich als Kariesprophylaxe, da dieses Spurenelement die Bakterien hemmt, die Plaque verursachen. In Tierversuchen wurde gezeigt, dass Fluor auch die Wundheilung begünstigt. Daneben dient die Substanz als Schutz gegen Schwangerschaftsanämie. Aber: Erhöhte Fluordosen kehren die positive Wirkung um: Über zehn Milligramm täglich können zu Knochendeformationen führen.

Calcium

Menge in drei Gramm grünem Tee: Zwischen 8,1 und 22,2 Milligramm.

Da der Tagesbedarf eines Erwachsenen an Calcium bei 800 Milligramm liegt, kann grüner Tee einen kleinen Beitrag zur Versorgung mit diesem Mineralstoff leisten, aber ihn keinesfalls decken.

Wirkung: Der Körper benötigt Calcium zur Bildung von Knochen und Zähnen sowie zur Blutgerinnung. Der Mineralstoff beeinflusst die Erregbarkeit der Nerven und Muskeln und die Durchlässigkeit der Zellwände. Calciummangel führt unter anderem zur Osteoporose.

Eisen

Menge in drei Gramm grünem Tee: Zwischen 0,312 und 1,14 Milligramm.

Tagesbedarf: 12 bis 18 Milligramm.

Wirkung: Eisen ist ein Bestandteil der roten Blutkörperchen. Als Spurenelement ist es für den Sauerstofftransport und die Zellatmung verantwortlich. Eisenmangel entsteht häufig während der Menstruation, in der Schwangerschaft und nach starken Blutverlusten.

Kalium

Menge in drei Gramm grünem Tee: Zwischen 28,8 und 84 Milligramm.

Tagesbedarf: Drei bis vier Gramm.

Wirkung: Kalium beeinflusst Nervenimpulse, den Zellstoffwechsel, die Entgiftung, das Wachstum und die Sauerstoffversorgung des Gehirns. In stressreichen Zeiten schützt eine kaliumreiche Ernährung die Nerven.

Natrium

Menge in drei Gramm grünem Tee: Zwischen 0,09 und 0,33 Milligramm.

Tagesbedarf: Zwei bis drei Gramm.

Da die meisten Menschen durch das Kochsalz schon mehr als genug mit Natrium versorgt sind, ist es kein sehr großer Gewinn, wenn es in einem Lebensmittel noch zusätzlich enthalten ist. Im Gegenteil: Zuviel Natrium kann zu Bluthochdruck und Wasserstau in den Gefäßen führen. Die Natriumkonzentration im Tee ist allerdings so gering, dass man sich deshalb keine Gedanken zu machen braucht.

Wirkung: Natrium hat Auswirkungen auf den Flüssigkeits- und den Säure-Basen-Haushalt im Körper. Auch bei Entgiftung und Verdauung spielt es eine Rolle. Daneben aktiviert der Mineralstoff Enzyme und ist an der Muskelkontraktion beteiligt.

Zink

Menge in drei Gramm grünem Tee: Keine exakten Mengendaten vorhanden.

Tagesbedarf: 15 Milligramm.

Wirkung: Zink ist der Stoff, der dem Auge „Feuer" verleiht. Er aktiviert verschiedene Enzyme des Protein- und Kohlenhydratstoffwechsels und spielt bei der Immunabwehr eine Rolle.

Vitamin A (Karotene)

Menge in drei Gramm grünem Tee: Mikrogrammbereich, nur in tausendstel Milligrammanteilen vorhanden.

Tagesbedarf: Ein Milligramm.

Wirkung: Dieses fettlösliche Vitamin ist das große Augenvitamin, es bildet das Sehpurpur. Daneben schützt Vitamin A die Lungenschleimhaut und soll vorzeitige Alterung verhindern können. Die Stoffwechselvorstufen des Vitamin A sind die sogenannten Karotene. Tests ergaben, dass Menschen, die abends auffallend älter als morgens aussehen, viel niedrigere Karotenwerte hatten als jugendlich wirkende Menschen.

Vitamin B1

Menge in drei Gramm grünem Tee: Zwischen 0,12 und 0,21 Milligramm.

Tagesbedarf: 1,4 Milligramm.

Wirkung: Vitamin B_1 ist zuständig für Nerven, Gedächtnis, Wachstum, Appetit und Darmtätigkeit.

Vitamin B2

Menge in drei Gramm grünem Tee: Zwischen 0,0054 und 0,0231 Milligramm.

Tagesbedarf: 0,17 Milligramm.

Wirkung: Vitamin B_2 beeinflusst den Fett-, Eiweiß- und Kohlenhydratstoffwechsel, die Zellatmung und den Zellstoffwechsel. Außerdem ist das Vitamin wichtig für Augen, Haut, Haare und Fingernägel.

Vitamin C

Menge in drei Gramm grünem Tee: Zwischen 7 und 15 Milligramm. Der Anteil ist fast so hoch wie in frischen Zitronen.

Tagesbedarf: 30 Milligramm.

Mit mehreren Tassen grünen Tee könnte man rein rechnerisch den Vitamin-C-Haushalt decken. Allerdings ist unsicher, wie viel der gesunden Substanz letztendlich im heißen Tee übrig bleibt. Nach chinesischen Forschungsergebnissen soll das Vitamin C des grünen Tees aus bisher ungeklärten Gründen die Hitzeattacke des heißen Wassers überstehen. Die Konzentration der Vitamine vermindert sich jedoch mit dem Alter des Tees. Nach drei Jahren Aufbewahrung findet sich keine Spur mehr davon in den grünen Blättern.

Wirkung: Vitamin C stärkt die Abwehrkraft, indem es dem Körper hilft, sich gegen Bakterien und Viren zu verteidigen. Es trägt zur Entgiftung des Körpers bei, unterstützt die Wundheilung, verbessert die Eisenaufnahme und ist an der Bildung und Funktionserhaltung des Bindegewebes, der Knochen- und Knorpelsubstanz beteiligt. Daneben spielt Vitamin C auch bei der Hormonproduktion eine Rolle.

Vitamin E

Menge in drei Gramm grünem Tee: Zwischen 0,72 und 2,4 Milligramm.

Tagesbedarf: 15 bis 30 Milligramm.

Wirkung: Vitamin E ist für den Immunschutz der Zellen, die Durchblutung, die Funktion der Keimdrüsen und den Fettstoffwechsel zuständig.

Vitamin K

Menge in drei Gramm grünem Tee: Keine exakten Mengendaten vorhanden.

Tagesbedarf: 0,02 bis 0,05 Milligramm.

Wirkung: Vitamin K ist an der Blutgerinnung und der Knochenbildung beteiligt.

Anmerkung: Es gibt bis heute keine verlässliche und erschöpfende Untersuchung mit genauen Mengenangaben zu den Inhaltsstoffen des schwarzen und grünen Tees. Ungeklärt ist auch, wie viel von den jeweiligen Substanzen im heißen Wasser noch übrig bleibt. Diese dürftige Forschungslage ist umso erstaunlicher, als Tee nach Wasser das meistgetrunkene Getränk der Welt ist.

Grüner Tee – sanfter Heiler

Grüner Tee ist ein Klassiker der chinesischen Heilkunde. Dort nutzt man seit über 1000 Jahren seine Heilkraft für die Behandlung von Schläfrigkeit, Verdauungsproblemen, Kopfschmerzen, unscharfem Sehen, Alkoholvergiftung und Durchfall.

Als der grüne Tee Mitte des 17. Jahrhunderts erstmals in Europa auftauchte, konnte man ihn auch in Deutschland in der Apotheke als Mittel gegen Magenverstimmung, Blähungen und Gicht kaufen.

Grüner Tee und die Wissenschaft

Die Liste der medizinischen Wirkungen, die die Wissenschaft dem grünen Tee zuschreibt, ist lang. In einer japanischen Arbeit wird behauptet, dass der grüne Aufguss vorbeugend gegen 61 Erkrankungen wirkt und 21 Gebrechen sogar heilen kann.

Bis vor kurzem kamen alle medizinischen Untersuchungen zum grünen Tee aus China und Japan. Doch nun bescheinigten auch die Wissenschaftler des Deutschen Krebsforschungszentrums in Heidelberg und des Institutes für Pharmazeutische Biologie in Freiburg den im grünen Tee enthaltenen Polyphenolen und ihrer Untergruppe, den Flavonoiden, ein breites Wirkungsspektrum.

Ob kleines Zipperlein oder ernsthaftere Gebrechen – diese Substanzen, die zu den Gerbstoffen gehören, schlugen in medizinischen Testreihen eine Vielzahl von Krankheitserregern nachhaltig in die Flucht. Die heilenden Stoffe sollen das Herzinfarkt- und Arterioskleroserisiko senken und sogar als Krebsprophylaxe dienen können. Und daneben bekämpfen sie relativ zuverlässig bestimmte Bakterien und Viren.

Das Dilemma der Pflanzenheilkunde zeigt sich auch beim Thema „Grüner Tee“. Die Mediziner testen meist nur die Wirkung eines einzelnen Inhaltsstoffes einer Pflanze. Die einzigartige Heilwirkung des grünen Tees kommt aber durch die Summe seiner Wirkstoffe zustande. Doch bis heute gibt es keine Untersuchung, die das Zusammenwirken der einzelnen Substanzen des grünen Tees erfasst.

Die Heilwirkungen des grünen Tees

Herz und Blut

Grüner Tee soll in mehrfacher Hinsicht als Schutz gegen Herzinfarkt, Thrombose und koronare Herzerkrankungen wirken. Erstens stimuliert er auf sanfte Weise die Herztätigkeit und den Kreislauf, zweitens erhöht er die Durchlässigkeit der Blutgefäßwände und drittens gibt es Hinweise, dass die Polyphenole die Aufnahme von Cholesterol hemmen. Cholesterol ist ein Blutfettwert. Bei einem krankhaftem Cholesterolwert besteht die Gefahr, dass es zu Ablagerungen und dadurch zu einer gefährlichen Verengung der Gefäße kommt. Dies führt zur Arteriosklerose und im fortgeschrittenem Stadium zu Gefäßverschlüssen. Wenn die Herzkranzarterien von einer Verengung betroffen sind, kann es schlimmstenfalls auch zu einem Herzinfarkt kommen.

Eine holländische Studie mit über 800 Männern zwischen 65 und 84 Jahren ergab, dass das Herzinfarktrisiko proportional mit der Konzentration der Flavonoide fällt. Bei einer vergleichenden Untersuchung der Universität von Kalifornien wurde festgestellt, dass Teetrinker zwei Drittel weniger Herzarterienschäden und ein Drittel weniger Gehirnarterienschäden hatten als Kaffeetrinker.

Bluthochdruck

Ein weiterer negativer Effekt der Verengung der Blutgefäße ist der Bluthochdruck. Da grüner Tee den Ablagerungen an den Gefäßwänden entgegenwirkt, trägt er angeblich auch zur Senkung des Bluthochdruckes bei. In Tierversuchen fiel der Bluthochdruck von Mäusen von 203 auf 188 mm Hg nach dem 24. Tag des Experimentes.

Thrombose

Da grüner Tee die Blutviskosität erhöhen und das Zusammenlagern der Blutblättchen einschränken soll, gehen Wissenschaftler davon aus, dass er das Thromboserisiko herabsetzt und die Behandlungszeit von bestehenden Thrombosen verkürzen kann.

Arteriosklerose

Wenn sich Cholesterol an den Gefäßwänden ablagert, entsteht häufig im Alter eine Gefäßverengung, die die Mediziner als Arteriosklerose bezeichnen. Da die Polyphenole die Ansammlung von Cholesterol abschwächen und der Verengung der Gefäße entgegenwirken, ist grüner Tee immer eine kleine Investition in die gesundheitliche Zukunft, vor allem wenn er direkt im Anschluss an eine fettreiche Mahlzeit getrunken wird. Wissenschaftler der Universität in Kalifornien entdeckten, dass Teetrinker weniger von Arteriosklerose betroffen waren als Kaffeetrinker. Auch eine große japanische Studie mit 1300 Männern ergab, dass der regelmäßige Genuss von grünem Tee den Cholesterinspiegel senkt.

Blutzuckersenkende Wirkung

Zur Wirkung des grünen Tees auf den Blutzuckerspiegel gibt es nur wenige Tests. In Tierversuchen fiel der Glukosespiegel des Blutes von Mäusen nach der Einnahme von grünem Tee von 200–300 mg % auf 100 mg %. Sonderbarerweise wurde der blutzuckersenkende Effekt bei Diabetikern nicht beobachtet.

Infektionen, Entzündungen, Erkältungen

Grüner Tee bekämpft Viren und Bakterien durch eine gezielte Wirkstoffkombination. Die Flavanole stoppen die Vermehrung der Krankheitserreger und Vitamin C wappnet zusätzlich die Zelle gegen Angreifer. Vitamin A und Karotene schützen dazu noch die Schleimhäute des Körpers. Durch diese Wirkstoffkombination eignet sich grüner Tee zur Vorbeugung und Behandlung von Infekti-

onskrankheiten wie zum Beispiel Grippe, Erkältung, Durchfall, Mundschleimhaut- und Zahnfleischentzündungen. In der chinesischen Volksmedizin wird grüner Tee auch als begleitendes Arzneimittel bei Ruhr und Diphtherie empfohlen. Sowjetische Ärzte setzen grünen Tee zur Behandlung von chronischer viraler Hepatitis ein. Daneben empfiehlt die Makrobiotik Waschungen mit Bancha-Tee bei leichten Pilzinfektionen der Scheide und der Haut.

Lange bevor die antibakteriziden Eigenschaften von Tee erforscht waren, machten ihn die Engländer und Ostfriesen zum Nationalgetränk. Instinktiv wählten sie damit nicht nur ein Genussmittel, sondern auch eine natürliche Erkältungsprophylaxe, die sie bei ihrem Klima auch nötig brauchen können.

Insektenstiche

Man sagt, dass gekaute, grüne Teeblätter den Juckreiz von Insektenstichen lindert, wenn man sie auf die Hautstellen legt. Wenn das nicht hilft, kann man zusätzlich kühlenden und heilsamen Silicea-Balsam aus dem Reformhaus auf die Stelle geben.

Konzentration

Grüner Tee war das erste Getränk der Welt, das vorübergehend Müdigkeit besiegen, den Schlaf hinausschieben und die Konzentration steigern konnte. Deshalb galt er auch von Anfang an als das Elixier für geistige Nachtarbeiter. Wissenschaftler ermittelten später, dass das Geheimnis dieses kleinen Aufputsch-Effektes im Koffeingehalt des Tees lag. Während das Koffein des Kaffees bereits im Magen aufgeschlossen wird, gelangt das Koffein des Tees langsamer in die Blutbahn. Es wird erst im Darm aufgespalten. Daneben sorgen die Gerbstoffe ebenfalls für eine verzögerte Aufnahme. So geht die stimulierende Wirkung des Tees gemächlicher vor sich und deshalb heißt es auch: „Tee regt an, aber nicht auf."

Ein Test ergab, dass Teegenuss geistige Prozesse wie Addieren, Schreiben, Lesen und Auswendiglernen beschleunigt und auch deren Qualität steigert. Die Fehlerzahl der Testpersonen verringerte sich mit Tee um 25 Prozent. Dieser leistungssteigernde Einfluss erreicht nach 40 Minuten seinen Höhepunkt, nach einer Stunde und zehn Minuten ist er allerdings wieder verschwunden.

Krebs

Grüner Tee kam in die Schlagzeilen, als chinesische und japanische Wissenschaftler veröffentlichten, dass er möglicherweise krebsvorbeugend wirkt. In einigen Tests hatten die Polyphenole die Veränderung von gesunden Zellen in

Grüner Tee ist ein Herzstück der japanischen Kultur. In der Teezeremonie wird der alltägliche Akt des Teetrinkens zu einer Kunst erhoben

Krebszellen verhindert. Daneben scheinen einige dieser Stoffe auch krebsauslösende Substanzen wie bestimmte Cancerogene und auch die Nitrosamine zu hemmen, die für die Entstehung von Tumoren verantwortlich sind. Die krebsvorbeugende Wirkung wurde jeweils mit sehr hohen Konzentrationen von grünem Tee getestet, und zwar in erster Linie an Versuchstieren, selten direkt am Menschen. Daneben gibt es auch keine Langzeituntersuchung, die den angenommenen Antikrebseffekt des grünen Tees hinlänglich unter Beweis stellt.

Japan und das Shizuoka-Phänomen

Magenkrebs ist eine der häufigsten Todesursachen in Japan. In der Teeregion Shizuoka kommt diese Erkrankung fünfmal weniger als im Landesdurchschnitt vor. Professor I. Oguni von der Universität in Shizuoka fand heraus, dass in den Gegenden Japans, wo Menschen wenig grünen Tee tranken, die Magenkrebsrate hoch war und in Regionen mit starkem und regelmäßigem Teekonsum die Erkrankungsrate viel niedriger ausfiel. Er schloss daraus, dass kontinuierlicher Grünteekonsum möglicherweise als Vorbeugung gegen Magenkrebs dient. Ähnliche Beobachtungen werden aus China berichtet. In der Teeprovinz Sichuan erkranken viel weniger Menschen an Magenkrebs als in Regionen, wo grüner Tee nur selten genossen wird.

Leukämie

Die Polyphenole führen nach chinesischen Untersuchungen zu einem Anstieg der weißen Blutkörperchen, deshalb werden dort Pillen mit Auszügen von grünem Tee zur Leukämietherapie eingesetzt. Daneben hofft man, dass die Tabletten auch die Verringerung der weißen Blutkörperchen nach einer Strahlentherapie abfangen können.

Langes Leben

Japanische Wissenschaftler glauben, im grünen Tee das Geheimnis längerer Jugend entdeckt zu haben. Da er die Superoxydbildung im Körper herabsetzt, soll er den Alterungsprozess verlangsamen.

Fruchtfliegen, die grünen Tee verabreicht bekamen, lebten in einem Versuch japanischer Wissenschaftler doppelt so lange wie normal ernährte Fruchtfliegen. Dieses Ergebnis ist sicher nicht mehr als ein Beginn für umfassendere Studien. Bevor die lebensverlängerende Wirkung des grünen Tees letztlich bewiesen ist, kann man davon ausgehen, dass auf alle Fälle seine vielen gesundheitsfördernden Eigenschaften eine gute Voraussetzung für ein langes Leben sind.

Magen und Verdauung

Seit tausenden von Jahren wird grüner Tee in China und Japan nach dem Essen getrunken. Schon früh war bekannt, dass er die Verdauung fördert, Völlegefühl beseitigt und den Magen wieder einrenkt, wenn man Unbekömmliches oder zu viel gegessen hat. Heute weiß man, dass der grüne Aufguss die Magensäfte anregt und dadurch die Verdauung in Schwung bringt. Daneben schützt er als alkalisches Getränk den Körper vor Übersäuerung und gleicht damit kleinere Ernährungsfehler aus. Bei einer leichten Überdosis Süßigkeiten oder Fett leistet er also hilfreiche Dienste. Wegen seiner keimtötenden Eigenschaften ist er auch empfehlenswert, wenn zu befürchten ist, dass man leicht verdorbene Lebensmittel gegessen hat.

Strontium 90

Grüner Tee soll auch die Ablagerung des Stoffes Strontium 90 im menschlichen Organismus minimieren. Strontium 90 ist eine gefährliche Substanz, die im radioaktiven Fallout nach Atomkraftunfällen vorkommt und sich im Knochenmark des Körpers einlagert und es zerstört. Grünteetrinker, die vom Atomschlag in Hiroshima betroffen waren, hatten nach Beobachtungen japanischer Ärzte größere Überlebenschancen und einen besseren gesundheitlichen Zustand als Nicht-Grünteetrinker. In einem Test der Pharmazeutischen Universität in Shizuoka verringerte sich durch den Genuss von grünem Tee die Aufnahme von Strontium 90 um 30 Prozent.

Zähne und Knochen

Die zahnstärkende und kariesschüzende Wirkung des grünen Tees wurde mehrfach bewiesen. Die Wissenschaftler machen für diesen gesundheitlichen Effekt den relativ hohen Fluor-Gehalt verantwortlich. Hinzu kommt, dass die Polyphenole durch ihre antibakterielle Wirkung die Bildung von Zahnbelag reduzieren und für einen frischen Atem sorgen. Forscher aus Taiwan stellten fest, dass bei Ratten nach Mundspülungen mit grünem Tee die Kariesaktivität um die Hälfte zurückging. Eine Studie der Universtität von Kalifornien zeigte, dass starke Teetrinker weniger Zahnerkrankungen hatten. Wer allerdings eine Menge Süßigkeiten isst und seine Zähne nicht ausreichend pflegt, sollte nicht erwarten, dass grüner Tee das ausbügeln kann. Denn der beste Kariesschutz ist eine gesunde Ernährung, ein funktionierendes Immunsystem und eine sorgfältige, regelmäßige Zahnpflege.

Im Unterschied zum schwarzen Tee hinterlässt Grüntee auf empfindlichen Zähnen keinen hässlichen braunen Belag.

Nebenwirkungen, Gegenanzeigen

Jeder Teetrinker sollte die für ihn gut verträgliche Dosis Tee herausfinden. Vorsichtig müssen Menschen mit Koffein- oder Gerbstoffempfindlichkeit sein. Auch Teetrinker mit Neigung zu Nervosität, Schlaflosigkeit oder empfindlichem Magen sollten es mit dem Tee nicht übertreiben. Patienten mit Magengeschwüren ist sogar dringend von Grüntee abzuraten, weil er die Freisetzung von Magensäure anregt. Medikamente darf man auch nicht mit grünem Tee schlucken, weil nicht auszuschließen ist, dass es zu Wechselwirkungen kommen kann. Es wurde festgestellt, dass sich Eisen- und Calciumpräparate nicht vollständig auflösen, wenn sie mit grünem Tee eingenommen werden.

Grüner Tee – kein Wundermittel

Trotz der hervorragenden gesundheitlichen Wirkungen, die dem grünen Tee bescheinigt werden, sollte man sich von übertriebenen Hoffnungen frei machen. An vielen Stellen ist die wissenschaftliche Lage weniger gesichert, als die spektakulären Meldungen vermuten lassen. Realistischer ist es, davon auszugehen, dass Tee eine sanfte Arznei und kein Wundermittel ist.

Grüner Tee in Kurzform

Wo wächst grüner Tee?

Wegen seiner klimatischen Ansprüche gedeiht Tee nur in subtropischen Regionen. 75 % der Weltgrüntee-Erzeugung kommt aus China. Japan und Taiwan sind weitere klassische Grünteeländer. Aber auch Indonesien, Korea, Vietnam und die GUS produzieren grünen Tee. Seit der grüne Aufguss an Popularität gewinnt, wird er neuerdings auch in typischen Schwarzteeanbaugebieten wie Darjeeling (Indien), Assam (Indien) und Ceylon in kleinen Mengen hergestellt.

Was ist der Unterschied zwischen schwarzem und grünem Tee?

Schwarzer und grüner Tee sind aus denselben Blättern der Theaceae-Pflanzenfamilie. Die Blätter des schwarzen Tees werden im Unterschied zum grünen Tee fermentiert, das ist eine Art Gärung, bei der sich Farbe und Geschmack verändern. Grüner und schwarzer Tee haben eine Reihe von ähnlichen Wirkstoffen, einige gehen allerdings bei der Fermentation verloren oder verändern sich. Grüner Tee enthält im Vergleich zum schwarzen Tee Vitamin C und Calcium und mehr Polyphenole, eine Stoffgruppe, die zur Zeit für die meisten Heilwirkungen des Tees verantwortlich gemacht wird.

Wie lange ist grüner Tee haltbar?

In der Regel sollte man ihn ein halbes Jahr nach dem Kauf aufgebraucht haben. Es gibt einige Sorten, die auch danach noch genügend Kraft im Geschmack haben. Mit einer aromaschützenden Aufbewahrung kann man die Lebenszeit des Tees entscheidend verlängern.

Wie heiß soll man grünen Tee kochen?

Die kräftigen Sorten bei einer Temperatur zwischen 90 und 75 Grad.
Die zarten, blumigen Sorten bei 75 bis 60 Grad.
Bitte beachten Sie auch die Temperaturempfehlung des Teeladens oder Teeherstellers.

Wie lange soll grüner Tee ziehen?

Die kräftigen Sorten: Zwei Minuten.
Die zarten, blumigen Sorten: Zwei bis drei Minuten.

Auch kalt ist grüner Tee ein Genuss

Trinkt man grünen Tee mit Zucker und Milch?

Nein. Grüner Tee verträgt sich nicht so gut mit Milch und Süßem wie schwarzer Tee. Ohne Beigaben kommen die feinen Nuancen des Grünteearomas besser zur Geltung. Ausnahme: Gunpowder. Die Nordafrikaner trinken diesen Tee mit viel Zucker und einem Minzblatt.

Warum schmeckt grüner Tee manchmal bitterer als schwarzer Tee?

Im schwarzen Tee liegen die Inhaltsstoffe in gebundener Form vor. Das heißt, dass die Gerbstoffe, die für den herben Geschmack des Tees verantwortlich sind, von anderen Inhaltsstoffen gebremst werden und nicht ganz ins Wasser übergehen. Im grünen Tee sind die Gerbstoffe dagegen nicht gebunden und können sich vollständig und in höherer Konzentration im Wasser auflösen.

Woraus besteht der Film, der häufig auf der Oberfläche des Tees schwimmt?

Er entsteht kurz nach dem Aufguss, wenn sich die Gerbstoffe des Tees mit dem Kalk des Wassers verbinden. Je weniger Kalk das Wasser enthält, umso dünner ist dieser Film. Je länger der Tee steht, umso mehr Gerbstoffe gehen in das Wasser über und umso stärker wird dieser Film.

Enthält grüner Tee Koffein?

Ja. Die Wissenschaftler sind sich aber uneins, ob grüner oder schwarzer Tee mehr Koffein enthält. In der Tasse hat grüner Tee möglicherweise mehr Koffein als schwarzer Tee, weil das Koffein des grünen Tees schneller und vollständiger ins heiße Wasser übergeht.

Was steckt sonst noch im grünen Tee?

Gerbstoffe (Polyphenole), ätherische Öle, Aminosäuren, Fluor, Calcium, Eisen, Kalium, Natrium, Zink, Vitamin A, die Vitamine B_1 und B_2, Vitamin C, Vitamin E und Vitamin K.

Welche gesundheitlichen Wirkungen hat grüner Tee?

Er bekämpft Viren und Bakterien und unterstützt dadurch die Heilung von Erkältungskrankheiten, Grippe und einigen Entzündungen. Er fördert die Verdauung, stärkt die Zähne und sorgt für einen frischeren Atem. Daneben soll er den Blutdruck senken und Arteriosklerose vorbeugen. Er vermindert das Herzinfarkt- und Thromboserisiko und steigert die Konzentration. Der gesunde Aufguss kann angeblich sogar als Krebsprophylaxe dienen, weil er krebsauslösende Stoffe hemmen soll. Japanische Wissenschaftler glauben auch, dass er das Leben ein klein wenig verlängert.

Welcher ist der meistgetrunkene Grüntee der Welt?

Der chinesische Gunpowder-Tee, gefolgt von Chun Mee.

Welcher ist der preisgünstigste Grüntee?

Die einfachen Qualitäten der Sorten Gunpowder (China) und Chun Mee (China) und der Bancha (Japan).

Welcher ist der teuerste Grüntee?

Der teuerste japanische Grüntee ist der Gyokuro. Bei den China- und Formosa-Grüntees gibt es verschiedene Sorten, die Spitzenpreise erzielen. Es kommt auf die Qualität der Ernte an.

Wann werden die besten Grüntees geerntet?

Die Ernte im Frühjahr ergibt die beste Qualität.

Wie lange dauert es, bis der grüne Tee nach der Ernte in Japan oder China in deutschen Geschäften ist?

Nach sechs Wochen kann der grüne Tee bei uns gekauft werden.